Matinées Gourmandes :
Un Festin pour Tous les Réveils©

Karine SIMON
Nutritionniste & réflexologue certifiée
https://ks-nutri-reflexo.fr/
N° de siret: 98322841200018

Préface

Chers ami.es gourmand.es,

C'est avec un immense plaisir que je vous accueille dans l'univers réconfortant et délicieusement parfumé de ce livre de recettes de petits déjeuners. Laissez-moi me présenter : je suis Karine, une passionnée de cuisine et de bien-être, certifiée en nutrition mais surtout animée par le bonheur de partager des moments gourmands et chaleureux autour de la table.

Mon objectif est simple : vous offrir des options simples et rapides pour des petits déjeuners qui raviront vos papilles tout en vous procurant les nutriments essentiels pour une journée réussie.

Ce livre vous invite à un voyage gustatif où les saveurs s'harmonisent pour créer des moments de bonheur dès le lever du jour. Des recettes salées aux sucrées, en passant par des délices chocolatés, vous trouverez ici une multitude d'idées pour égayer vos matinées.

Et parce que je crois en une alimentation adaptable à tous, j'ai inclus des substituts pour répondre à diverses allergies alimentaires, afin que chacun puisse savourer ces délices sans aucune restriction.

En plus des recettes, vous découvrirez également des conseils pratiques pour une préparation efficace et économique de vos petits déjeuners, ainsi que des astuces pour personnaliser vos repas selon vos envies et votre emploi du temps chargé.

Savourez chaque page avec enthousiasme ! Que ce livre devienne votre allié pour des petits déjeuners réconfortants qui vous donnent le sourire chaque matin.

Je vous remercie du fond du cœur de me permettre de partager ma passion avec vous. Que ces recettes vous apportent autant de joie et de bonheur qu'elles m'en ont procuré lors de leur création.

Avec toute ma chaleur et ma gourmandise,

Karine SIMON
Nutritionniste & réflexologue certifiée
https://ks-nutri-reflexo.fr/

Savourez chaque bouchée et laissez-vous imprégner de la tranquillité et de la vitalité qu'apporte ce repas matinal. Bon petit déjeuner et belle journée à vous !

Sommaire

"Que cette journée soit tissée de moments lumineux, de rencontres inspirantes et de défis surmontés avec brio. Puissiez-vous trouver la beauté dans chaque instant et la force dans chaque épreuve. Que cette journée vous réserve son lot de bonheur et de satisfactions. Belle journée à vous !"

Introduction

- **Présentation de l'ebook**

Bienvenue dans "Matinées Gourmandes : Un Festin pour tous les réveils" !

Dans cet ebook, chaque page est une invitation à un voyage sensoriel, où chaque matin s'embrase d'une symphonie de saveurs et de couleurs, prêt à réveiller vos sens et à vous emporter vers une journée pleine de vitalité.

Explorez avec délectation l'essence même du petit-déjeuner à travers les pages de ce livre, conçu spécialement pour infuser à vos matinées une bouffée d'inspiration avec des recettes rapides et faciles, la majorité réalisables en moins de 15 minutes et avec un maximum de 5 ingrédients.

Plongez avidement dans les chapitres qui composent cette odyssée culinaire exquise : des créations sucrées telles que les pancakes à la banane, des délices salés comme l'avocado toast, en passant par des alternatives sans œufs ou sans gluten, chacune promettant une expérience gustative unique à savourer dès l'aurore.

Chaque recette est accompagnée du nombre de calories par portion ainsi que des informations nutritionnelles détaillées pour vous aider à prendre soin de votre santé tout en vous régalant.

Mais ce n'est pas tout ! En bonus, vous découvrirez 5 recettes supplémentaires de petits déjeuners du monde, vous invitant à explorer encore plus de saveurs et de cultures.

Enrichissez votre périple avec des astuces pratiques, des quiz amusants et des listes de courses pensées pour faciliter la préparation de vos délices matinaux.

"Matinées Gourmandes" dépasse largement le cadre d'un simple ebook de recettes ; il s'agit d'une invitation chaleureuse à créer des moments précieux autour de la table et à partager votre amour pour le petit-déjeuner avec vos proches et le monde entier !

- **Objectif du livre**

L'objectif premier de ce livre est de vous offrir des recettes savoureuses qui nourrissent à la fois votre corps et votre esprit. Chaque plat est soigneusement élaboré pour apporter vitalité et équilibre à votre journée, vous permettant ainsi de démarrer du bon pied, quel que soit votre rythme de vie.

Que vous ayez une journée chargée qui démarre à toute vitesse ou que vous recherchiez simplement une pause bien méritée, "Matinées Gourmandes" propose des options adaptées à tous les palais et à toutes les contraintes de temps.

En effet, la facilité de préparation est au cœur de ce livre. Les recettes sont pensées pour être rapides et simples à réaliser, sans sacrifier la qualité ni le plaisir gustatif.

Que vous soyez un cuisinier novice ou un expert en quête de nouvelles inspirations, vous trouverez dans ces pages des idées délicieuses qui éveilleront vos papilles sans vous prendre trop de temps.

De plus, cet ebook s'adresse à tous, quelles que soient vos préférences alimentaires ou vos restrictions. Chaque chapitre offre une variété de choix pour satisfaire tous les goûts et toutes les intolérances.

En choisissant "Matinées Gourmandes", vous optez pour bien plus qu'un simple recueil de recettes. Vous optez pour un mode de vie où le plaisir de manger rime avec bien-être et équilibre, où chaque bouchée est un pas vers une journée épanouie et rayonnante.

Alors, laissez-vous guider par ces délices matinaux et transformez votre routine quotidienne en une symphonie de saveurs et de vitalité.

- **L'histoire du petit déjeuner**

L'histoire du petit déjeuner remonte à plusieurs siècles et varie selon les cultures et les époques. Voici un aperçu général de son évolution :

- **Antiquité** : Dans les civilisations anciennes telles que les Égyptiens, les Grecs et les Romains, le premier repas de la journée était souvent léger et consistait en fruits, pain trempé dans du vin ou du lait, et parfois des œufs.

- **Moyen Âge** : Pendant cette période, le petit déjeuner était encore relativement simple pour la plupart des gens, composé de pain, de fromage et de bière dans de nombreuses régions d'Europe. Cependant, les riches aristocrates pouvaient profiter de repas plus élaborés avec des viandes, des fruits et du vin.

- **Ère moderne** : Au fil du temps, le petit déjeuner est devenu un repas plus important dans de nombreuses cultures, en particulier avec l'essor de l'industrialisation et l'augmentation du rythme de vie. Au 19e siècle, le petit déjeuner anglais typique comprenait des œufs, du bacon, du pain grillé et des saucisses, reflétant l'importance croissante de ce repas.

- **20e siècle** : Avec l'évolution des modes de vie et des habitudes alimentaires, le petit déjeuner est devenu de plus en plus diversifié. Les céréales prêtes à consommer sont devenues populaires dans de nombreux pays occidentaux, offrant une option rapide et pratique pour les matins occupés. Les boissons comme le café et le jus d'orange ont également été intégrées au petit déjeuner.

- **Aujourd'hui** : Le petit déjeuner varie énormément d'une culture à l'autre. Certaines régions privilégient les repas salés, tandis que d'autres préfèrent les options sucrées. De plus, les préoccupations croissantes pour la santé ont conduit à l'émergence de nouveaux types de petits déjeuners axés sur la nutrition, tels que les smoothie bowls, les avocat toasts et les bols de porridge aux super-aliments.

L'histoire du petit déjeuner reflète les changements sociaux, économiques et culturels à travers les âges, tout en continuant à évoluer pour répondre aux besoins et aux préférences contemporains.

- **L'importance du petit-déjeuner**

Le petit-déjeuner est comme le premier rayon de soleil qui illumine notre journée, une invitation à embrasser la vie avec vitalité et bienveillance. C'est un moment sacré où nous prenons soin de nous-mêmes, où chaque bouchée est une déclaration d'amour envers notre corps et notre esprit.

Imaginez-vous, entouré.e de vos proches ou simplement en communion avec vous-même, savourant chaque instant de ce festin matinal. Le petit-déjeuner devient alors bien plus qu'un simple repas : c'est une célébration de la vie, une occasion de nourrir nos sens et nos âmes.

En accueillant le petit-déjeuner avec joie et gratitude, nous ouvrons les portes à une journée pleine de promesses et d'opportunités. Nous nous offrons le cadeau précieux de l'énergie et de la clarté d'esprit nécessaires pour affronter les défis avec confiance et optimisme.

Et rappelez-vous, le petit-déjeuner est un moment de connexion, que ce soit en partageant des rires et des histoires avec nos proches autour de la table, ou en prenant simplement le temps de nous connecter avec notre moi intérieur, en écoutant attentivement nos besoins et nos désirs.

Alors, que ce soit un bol de granola croustillant, des œufs brouillés moelleux ou une simple tranche de pain grillé recouverte de confiture, prenez le temps de créer votre propre rituel matinal, un moment qui vous ressemble et qui vous inspire à démarrer la journée du bon pied.

En somme, le petit-déjeuner est bien plus qu'un simple repas : c'est une déclaration d'amour envers la vie et envers nous-mêmes. Alors, chérissons chaque instant de ce festin matinal, et laissons sa chaleur et sa bienveillance nous accompagner tout au long de la journée.

Chapitre 1 :
Recettes Sucrées

NOTES

- [ ] _____
- [ ] _____
- [ ] _____
- [ ] _____
- [ ] _____
- [ ] _____
- [ ] _____
- [ ] _____
- [ ] _____
- [ ] _____
- [ ] _____
- [ ] _____

Bienvenue dans ce premier chapitre dédié à l'éveil des papilles, où je vous emmène dans un voyage sucré au cœur des petits déjeuners gourmands. Avec ces dix recettes irrésistibles, laissez-vous transporter dans un univers où la journée commence toujours par une explosion de saveurs et de douceurs. Préparez-vous à découvrir un assortiment exquis de délices sucrés qui feront de chaque lever de soleil un moment inoubliable.

1. Pancakes à la banane

Temps de préparation : Moins de 15 minutes.
Pour 2 à 3 pancakes de taille moyenne (1 portion)

Un délice moelleux et plein de saveurs à savourer aux 1ers rayons du soleil ou en collation.

Ingrédients :

- 1 banane mûre
- 1 œuf
- 25g de farine de blé ou de riz
- 1/2 cuillère à café de levure chimique
- 1 pincée de sel

Préparation :

1. Écrasez la banane dans un bol jusqu'à obtenir une purée lisse.
2. Ajoutez l'œuf et mélangez avec la purée de banane.
3. Incorporez la farine, la levure chimique et une pincée de sel. Mélangez jusqu'à obtenir une pâte homogène.
4. Faites chauffer une poêle antiadhésive à feu moyen et versez une petite louche de pâte pour former un pancake.
5. Laissez cuire environ 2-3 minutes de chaque côté, jusqu'à ce que les pancakes soient dorés.
6. Répétez avec le reste de la pâte.
7. Servez chaud avec votre garniture préférée : miel, fruits frais, yaourt...

Informations nutritionnelles pour une portion :

- Calories : environ 220 kcal
- Protéines : environ 7g
- Glucides : environ 40g
- Lipides : environ 4g

2. Smoothie à la fraise

Temps de préparation : moins de 10 minutes.

Pour 1 personne

Cette recette est idéale pour un petit-déjeuner rapide et nourrissant ou comme une collation rafraîchissante à tout moment de la journée !

Ingrédients :
- 150g de fraises fraîches
- 1 banane mûre
- 120ml de lait d'amande (ou tout autre lait végétal)
- 1 cuillère à soupe de miel local et/ou bio (facultatif, selon vos préférences sucrées)
- Quelques glaçons (facultatif, pour un smoothie plus frais)

Préparation :
1. Lavez les fraises et équeutez-les.
2. Épluchez la banane et coupez-la en morceaux.
3. Placez les fraises, les morceaux de banane, le lait d'amande et éventuellement le miel dans un blender.
4. Mixez jusqu'à obtenir une consistance lisse et crémeuse.
5. Si désiré, ajoutez quelques glaçons dans le blender et mixez à nouveau pour obtenir un smoothie plus frais.
6. Versez dans un verre et dégustez immédiatement !

Informations nutritionnelles pour une portion :
- Calories : environ 180 kcal
- Protéines : environ 3g
- Glucides : environ 40g
- Lipides : environ 2g

3. Porridge aux fruits secs

Temps de préparation : moins de 15 minutes

Pour 1 personne

Cette recette de porridge aux fruits secs est idéale pour un petit-déjeuner rapide, nutritif et délicieusement réconfortant !

Ingrédients :

- 40g de flocons d'avoine
- 200ml de lait (animal ou végétal)
- 15g de fruits secs mélangés (raisins secs, cranberries, abricots secs, etc.)
- 1 cuillère à café de miel local et/ou bio (facultatif, selon vos préférences sucrées)
- Une pincée de cannelle (facultatif, pour plus de saveur)

Préparation :

1. Dans une casserole, versez les flocons d'avoine et le lait.
2. Ajoutez les fruits secs mélangés et mélangez bien.
3. Faites chauffer à feu moyen et laissez mijoter pendant environ 5-7 minutes, en remuant de temps en temps, jusqu'à ce que le mélange épaississe et que les flocons d'avoine soient tendres.
4. Retirez du feu et laissez reposer quelques minutes.
5. Ajoutez une cuillère à café de miel si désiré pour sucrer légèrement, ainsi qu'une pincée de cannelle pour plus de saveur.
6. Transférez dans un bol et dégustez chaud !

Informations nutritionnelles pour une portion :

- Calories : environ 250 kcal
- Protéines : environ 7g
- Glucides : environ 40g
- Lipides : environ 7g

4. Crêpes au miel

Temps de préparation : 15 minutes

Pour 2 crêpes de taille standard (1 portion)

Savourez ces délicieuses crêpes au miel pour un petit-déjeuner ou un dessert gourmand !

Ingrédients :

- 50g de farine de blé ou de riz
- 1 œuf
- 100ml de lait (animal ou végétal)
- 1 cuillère à soupe de miel local et/ou bio
- Une pincée de sel

Préparation :

1. Dans un bol, mélangez la farine de blé avec une pincée de sel.
2. Cassez l'œuf dans le bol et fouettez-le avec la farine jusqu'à obtenir une pâte lisse.
3. Versez lentement le lait tout en continuant de fouetter, jusqu'à ce que la pâte soit bien homogène et sans grumeaux.
4. Faites chauffer une poêle antiadhésive à feu moyen et versez une louche de pâte pour former une crêpe.
5. Laissez cuire environ 1 à 2 minutes de chaque côté, jusqu'à ce que la crêpe soit dorée.
6. Répétez l'opération avec le reste de la pâte.
7. Servez chaud avec une cuillère à soupe de miel local et/ou bio sur les crêpes.

Informations nutritionnelles pour une portion (2 crêpes) :

- Calories : environ 270 kcal
- Protéines : environ 9g
- Glucides : environ 45g
- Lipides : environ 5g

5. Yaourt aux fruits

Temps de préparation : moins de 10 minutes
Pour 1 personne

Cette recette de yaourt aux fruits est parfaite pour un petit-déjeuner léger et rafraîchissant ou comme une collation saine à tout moment de la journée !

Ingrédients :
- 150g de yaourt nature (non sucré)
- 50g de fruits frais (fraises, framboises, myrtilles, etc.)
- 1 cuillère à soupe de miel local et/ou bio (facultatif, selon vos préférences sucrées)
- 10g de granola ou de flocons d'avoine (facultatif, pour le croquant)
- Quelques feuilles de menthe fraîche pour la décoration (facultatif)

Préparation :
1. Dans un bol, versez le yaourt nature.
2. Lavez et coupez les fruits frais en morceaux, puis disposez-les sur le yaourt.
3. Si désiré, ajoutez une cuillère à soupe de miel pour sucrer légèrement.
4. Saupoudrez de granola ou de flocons d'avoine pour ajouter une touche de croquant.
5. Décorez avec quelques feuilles de menthe fraîche si vous le souhaitez.
6. Servez immédiatement et dégustez ce yaourt aux fruits frais !

Informations nutritionnelles pour une portion :
- Calories : environ 150 kcal
- Protéines : environ 6g
- Glucides : environ 25g
- Lipides : environ 3g

6. Muffins aux myrtilles

Temps de préparation : 15 minutes
Pour 4 à 5 muffins de taille moyenne

Ces muffins aux myrtilles sont parfaits pour un petit-déjeuner ou une collation délicieusement fruitée !

Ingrédients :
- 40g de farine de blé ou de riz
- 30g de sucre complet ou de coco
- 1 œuf
- 40g de myrtilles
- 1/2 cuillère à café de levure chimique

Préparation :
1. Préchauffez votre four à 180°C (thermostat 6) et graissez légèrement un moule à muffins ou utilisez des moules en papier.
2. Dans un bol, mélangez la farine, le sucre et la levure chimique.
3. Ajoutez l'œuf dans le bol et mélangez jusqu'à obtenir une pâte homogène.
4. Incorporez délicatement les myrtilles à la pâte, en veillant à ne pas trop les écraser.
5. Répartissez la pâte dans les moules à muffins, en les remplissant aux trois quarts.
6. Enfournez pendant environ 12-15 minutes, ou jusqu'à ce que les muffins soient dorés et qu'un cure-dent inséré au centre en ressorte propre.
7. Laissez refroidir légèrement avant de démouler les muffins et de les déguster !

Informations nutritionnelles pour 2 muffins :
- Calories : environ 200 kcal
- Protéines : environ 5g
- Glucides : environ 35g
- Lipides : environ 4g

7. Granola maison

Temps de préparation : 15 minutes
Pour 1 personne

Ce granola maison est parfait pour agrémenter vos yaourts, vos smoothie bowls ou tout simplement pour grignoter comme une collation saine et gourmande !

Ingrédients :
- 50g de flocons d'avoine
- 20g d'amandes effilées
- 1 cuillère à soupe de miel local et/ou bio
- 1 cuillère à soupe d'huile de coco
- Une pincée de sel

Préparation :
1. Préchauffez votre four à 160°C (thermostat 5-6) et préparez une plaque de cuisson recouverte de papier sulfurisé.
2. Dans un bol, mélangez les flocons d'avoine avec les amandes effilées et une pincée de sel.
3. Dans une petite casserole, faites chauffer le miel et l'huile de coco à feu doux jusqu'à ce qu'ils soient liquides.
4. Versez le mélange liquide sur les flocons d'avoine et mélangez bien pour enrober uniformément tous les ingrédients.
5. Étalez le mélange sur la plaque de cuisson préparée en une couche uniforme.
6. Enfournez pendant environ 10-12 minutes, en remuant à mi-cuisson, jusqu'à ce que le granola soit doré et croustillant.
7. Laissez refroidir complètement avant de transférer dans un bocal hermétique.

Informations nutritionnelles pour 50g :
- Calories : environ 250 kcal
- Protéines : environ 6g
- Glucides : environ 25g
- Lipides : environ 14g

8. Pain perdu à la cannelle

Temps de préparation : 15 minutes
Pour 1 personne

Savourez ce délicieux pain perdu à la cannelle pour un petit-déjeuner réconfortant et plein de saveurs !

Ingrédients :
- 2 tranches de pain au levain, aux céréales ou au sarrasin
(environ 50g)
- 1 œuf
- 50ml de lait (animal ou végétal)
- 1/2 cuillère à café de cannelle
- 1 cuillère à café de sucre complet ou de coco (facultatif, selon vos préférences)

Préparation :
1. Dans un bol, cassez l'œuf et battez-le légèrement avec une fourchette.
2. Ajoutez le lait et la cannelle dans le bol, puis mélangez bien.
3. Trempez les tranches de pain dans le mélange d'œuf et de lait, en les retournant pour les imbiber uniformément.
4. Faites chauffer une poêle antiadhésive à feu moyen et déposez-y les tranches de pain trempées.
5. Faites cuire environ 2-3 minutes de chaque côté, jusqu'à ce qu'elles soient dorées et croustillantes.
6. Saupoudrez de sucre si désiré avant de servir.

Informations nutritionnelles pour 2 tranches :
- Calories : environ 250 kcal
- Protéines : environ 10g
- Glucides : environ 30g
- Lipides : environ 10g

9. Barres énergétiques aux noix

Temps de préparation : 15 minutes
Pour 2 à 3 barres énergétiques

Ces barres énergétiques aux noix sont parfaites pour une collation saine et nourrissante à emporter avec vous partout où vous allez !

Ingrédients :
- 30g de noix mélangées (amandes, noix de cajou, noisettes, etc.)
- 30g de dattes dénoyautées
- 15g de flocons d'avoine
- 1 cuillère à soupe de miel
- Une pincée de sel

Préparation :
1. Dans un mixeur, ajoutez les noix mélangées et les dattes dénoyautées.
2. Mixez jusqu'à obtenir une pâte grossière.
3. Ajoutez les flocons d'avoine, le miel et une pincée de sel dans le mixeur.
4. Mixez à nouveau jusqu'à ce que tous les ingrédients soient bien mélangés et forment une pâte collante.
5. Étalez la pâte sur une surface plane recouverte de papier sulfurisé, puis pressez-la fermement pour former un rectangle.
6. Placez le rectangle de pâte au réfrigérateur pendant environ 30 minutes pour qu'il se solidifie.
7. Une fois refroidie, découpez la pâte en barres énergétiques de la taille souhaitée.
8. Conservez les barres énergétiques au réfrigérateur jusqu'au moment de les déguster.

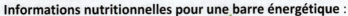

Informations nutritionnelles pour une barre énergétique :
- Calories : environ 150 kcal
- Protéines : environ 3g
- Glucides : environ 15g
- Lipides : environ 9g

10. Pudding au chia et à la mangue

Temps de préparation : 15 minutes

Pour 1 personne

Pour un petit-déjeuner frais et rassasiant ou comme une collation saine et gourmande !

Ingrédients :

- 200ml de lait de coco (ou tout autre lait de votre choix)
- 30g de graines de chia
- 1/2 mangue mûre (environ 100g)
- 1 cuillère à soupe de miel local et/ou bio (facultatif, selon vos préférences sucrées)
- Quelques tranches de mangue pour la garniture (facultatif)

Préparation :

1. Dans un bol, mélangez le lait de coco avec les graines de chia.
2. Laissez reposer le mélange au réfrigérateur pendant environ 10 minutes, en remuant de temps en temps pour éviter que les graines de chia ne collent.
3. Pendant ce temps, épluchez et coupez la moitié de la mangue en petits dés.
4. Ajoutez les dés de mangue au mélange de lait de coco et de chia, en remuant délicatement pour les incorporer.
5. Si désiré, ajoutez une cuillère à soupe de miel pour sucrer légèrement le pudding.
6. Versez le pudding dans un bol ou un verre, puis garnissez avec quelques tranches de mangue.
7. Servez immédiatement ou réfrigérez jusqu'au moment de déguster.

Informations nutritionnelles pour une portion :

- Calories : environ 250 kcal
- Protéines : environ 4g
- Glucides : environ 30g
- Lipides : environ 14g

**10
recettes**

Chapitre 2 :
Recettes Salées

NOTES

- [ ] _____
- [ ] _____
- [ ] _____
- [ ] _____
- [ ] _____
- [ ] _____
- [ ] _____
- [ ] _____
- [ ] _____
- [ ] _____
- [ ] _____

Dans ce chapitre 2 dédié à l'éveil des papilles, plongez au cœur des petits déjeuners gourmands. Avec ces dix recettes salées, laissez-vous emporter dans un univers où la journée débute toujours par une symphonie de saveurs et de délices salés. Préparez-vous à découvrir un assortiment exquis de mets savoureux qui transformeront chaque lever de soleil en un moment inoubliable.

1. Avocado toast

Temps de préparation : moins de 15 minutes
Pour 1 personne

Savourez ce délicieux avocado toast pour un petit-déjeuner ou une collation savoureuse et équilibrée !

Ingrédients :
- 1 tranche de pain complet (environ 40g)
- 1/2 avocat mûr (environ 75g)
- 5g de fromage frais (type Philadelphia)
- 5g de graines de sésame
- Sel et poivre au goût

Préparation :
1. Faites griller la tranche de pain complet jusqu'à ce qu'elle soit légèrement dorée.
2. Pendant ce temps, écrasez la moitié de l'avocat dans un bol à l'aide d'une fourchette jusqu'à obtenir une purée.
3. Ajoutez le fromage frais à l'avocat écrasé et mélangez bien.
4. Étalez la purée d'avocat et de fromage frais sur la tranche de pain grillée.
5. Saupoudrez de graines de sésame sur le dessus.
6. Assaisonnez avec du sel et du poivre selon votre goût.
7. Servez immédiatement et dégustez !

Informations nutritionnelles pour une portion :
- Calories : environ 230 kcal
- Protéines : environ 7g
- Glucides : environ 19g
- Lipides : environ 15g

2. Omelette express aux légumes

Temps de préparation : 15 minutes
Pour 1 personne

Avec cette omelette express aux légumes, une explosion de saveurs dans chaque bouchée.

Ingrédients :

- 2 œufs
- 1 petite courgette, râpée
- 1 poignée d'épinards frais, hachés
- Sel et poivre noir moulu, au goût
- 1 cuillère à café d'huile d'olive (ou spray antiadhésif pour la poêle)

Préparation :

1. Dans un bol, battre les œufs à la fourchette. Assaisonner avec du sel et du poivre selon votre goût.
2. Chauffer l'huile d'olive dans une petite poêle antiadhésive à feu moyen.
3. Ajouter la courgette râpée dans la poêle et faire sauter pendant 1 à 2 minutes jusqu'à ce qu'elle soit légèrement ramollie.
4. Incorporer les épinards hachés dans la poêle et poursuivre la cuisson pendant environ 1 minute, jusqu'à ce qu'ils commencent à se flétrir.
5. Verser les œufs battus dans la poêle sur les légumes. Remuer légèrement pour répartir les légumes de manière uniforme dans les œufs.
6. Laisser cuire l'omelette pendant environ 3 à 4 minutes, jusqu'à ce que les bords soient fermes et le dessus légèrement pris.
7. À l'aide d'une spatule, plier l'omelette en deux et laisser cuire encore 1 à 2 minutes, jusqu'à ce qu'elle soit bien cuite.
8. Transférer l'omelette sur une assiette et servir chaud.

Informations nutritionnelles pour une portion :

- Calories : environ 150 kcal
- Protéines : environ 12g
- Glucides : environ 4g
- Lipides : environ 9g

3. Bagel au saumon fumé

Temps de préparation : 15 minutes
Pour 1 bagel

Préparez-vous à savourer un délice gourmand avec ce Bagel au Saumon Fumé, une symphonie de saveurs en moins de 15 minutes !

Ingrédients :

- 1 bagel (environ 80g)
- 50g de saumon fumé
- 30g de fromage à la crème
- 5g de câpres
- Quelques tranches de concombre (environ 20g)

Préparation :

1. Coupez le bagel en deux et faites-le griller légèrement.
2. Tartinez chaque moitié de bagel avec du fromage à la crème.
3. Disposez les tranches de saumon fumé sur une des moitiés.
4. Ajoutez les câpres et les tranches de concombre sur le saumon.
5. Refermez le bagel et dégustez immédiatement !

Informations nutritionnelles pour une portion :

- Calories : environ 350 kcal
- Protéines : environ 20g
- Glucides : environ 30g
- Lipides : environ 15g

4. Œufs brouillés à l'avocat sur toast

Temps de préparation : 15 minutes
Pour 1 personne

Cette recette est riche en protéines, en graisses saines et en fibres, ce qui en fait un petit déjeuner équilibré et nourrissant pour commencer la journée en pleine forme !

Ingrédients :

- 1/2 avocat
- 2 œufs
- 1 tranche de pain complet (environ 40g)
- 5g d'huile d'olive
- Sel et poivre noir moulu, au goût

Instructions :

1. Écrasez l'avocat dans un bol avec une fourchette. Assaisonnez selon votre goût.
2. Battez les œufs dans un bol avec une pincée de sel et de poivre.
3. Faites chauffer l'huile d'olive dans une poêle à feu moyen et versez les œufs battus.
4. Remuez les œufs jusqu'à ce qu'ils soient brouillés mais encore légèrement baveux. Retirez du feu.
5. Faites griller la tranche de pain jusqu'à ce qu'elle soit dorée.
6. Étalez l'avocat écrasé sur le pain grillé et disposez les œufs brouillés dessus.
7. Servez immédiatement.

Informations nutritionnelles par portion :

- Calories : environ 400 kcal
- Protéines : 17 g
- Lipides : 29 g
- Glucides : 20 g
- Fibres : 8 g

5. Sandwich au Poulet Grillé

Temps de préparation : 15 minutes

Pour 1 personne

Préparez-vous à une explosion de saveurs avec ce Sandwich au Poulet Grillé, une création succulente prête en moins de 15 minutes !

Ingrédients :

- 1 petit pain ciabatta (environ 80g)
- 100g de blanc de poulet grillé
- 30g de fromage cheddar
- Quelques feuilles de laitue
- 1 cuillère à soupe de mayonnaise (environ 15g)

Préparation :

1. Coupez le petit pain ciabatta en deux et faites-le légèrement griller.
2. Pendant ce temps, chauffez le blanc de poulet grillé si nécessaire.
3. Tartinez la mayonnaise sur une des moitiés du pain ciabatta.
4. Disposez les feuilles de laitue sur la mayonnaise.
5. Ajoutez le blanc de poulet grillé sur la laitue.
6. Placez les tranches de fromage cheddar sur le poulet.
7. Refermez le sandwich avec l'autre moitié du pain.
8. Dégustez immédiatement ce sandwich délicieux et rassasiant !

Informations nutritionnelles pour une portion :

- Calories : environ 450 kcal
- Protéines : environ 30g
- Glucides : environ 30g
- Lipides : environ 20g

6. Salade de quinoa et avocat

Temps de préparation : 15 minutes

Pour 1 personne

Plongez dans une expérience culinaire légère et rafraîchissante avec cette Salade de Quinoa et Avocat, une explosion de saveurs !

Ingrédients :

- 50g de quinoa cru
- 1 avocat mûr
- 50g de tomates cerises
- Quelques feuilles de basilic frais
- Jus de citron (environ 10ml)

Préparation :

1. Rincez le quinoa à l'eau froide dans une passoire fine.
2. Faites cuire le quinoa selon les instructions sur l'emballage. Laissez-le refroidir.
3. Pendant ce temps, coupez l'avocat en dés et les tomates cerises en deux.
4. Dans un bol, mélangez le quinoa cuit, les dés d'avocat et les tomates cerises.
5. Arrosez de jus de citron et ajoutez les feuilles de basilic frais ciselées.
6. Mélangez délicatement tous les ingrédients.
7. Servez immédiatement cette délicieuse salade de quinoa et avocat !

Informations nutritionnelles pour une portion :

- Calories : environ 300 kcal
- Protéines : environ 6g
- Glucides : environ 30g
- Lipides : environ 18g

7. Tartinade de pois chiches

Temps de préparation : 15 minutes
Pour 1 personne

Découvrez une délicieuse Tartinade de Pois Chiches !

Ingrédients :

- 100g de pois chiches cuits
- 1 cuillère à soupe de tahini (environ 15g)
- Jus de citron (environ 10ml)
- 1 gousse d'ail, émincée
- Sel et poivre noir moulu, au goût

Préparation :

1. Rincez et égouttez les pois chiches.
2. Dans un mixeur ou un robot culinaire, ajoutez les pois chiches cuits, le tahini, le jus de citron, et la gousse d'ail émincée.
3. Mixez jusqu'à obtenir une consistance lisse et crémeuse. Si nécessaire, ajoutez un peu d'eau pour obtenir la texture désirée.
4. Assaisonnez avec du sel et du poivre noir moulu selon votre goût, et mélangez à nouveau.
5. Transférez la tartinade dans un bol et servez avec des légumes crus, des crackers ou du pain grillé.

Informations nutritionnelles pour une portion :

- Calories : environ 150 kcal
- Protéines : environ 6g
- Glucides : environ 20g
- Lipides : environ 6g

8. Frittata aux champignons

Temps de préparation : 15 minutes
Pour 1 personne

Succombez à une Frittata aux Champignons délicieusement moelleuse !

Ingrédients :

- 2 œufs
- 50g de champignons frais, tranchés
- 30g de fromage râpé (de votre choix)
- 1 cuillère à soupe d'huile d'olive
- Sel et poivre noir moulu, au goût

Préparation :

1. Dans un bol, battre les œufs à la fourchette. Assaisonner avec du sel et du poivre selon votre goût.
2. Dans une poêle antiadhésive, chauffer l'huile d'olive à feu moyen.
3. Ajouter les champignons tranchés dans la poêle et faire sauter pendant quelques minutes jusqu'à ce qu'ils commencent à dorer légèrement.
4. Verser les œufs battus dans la poêle sur les champignons. Remuer légèrement pour répartir les champignons de manière uniforme dans les œufs.
5. Laisser cuire la frittata pendant environ 3 à 4 minutes, jusqu'à ce que les bords soient fermes et le dessus légèrement pris.
6. Saupoudrer le fromage râpé sur le dessus de la frittata.
7. À l'aide d'une spatule, plier la frittata en deux et laisser cuire encore 1 à 2 minutes, jusqu'à ce qu'elle soit bien cuite.
8. Transférer la frittata sur une assiette et servir chaud.

Informations nutritionnelles pour une portion :

- Calories : environ 250 kcal
- Protéines : environ 15g
- Glucides : environ 3g
- Lipides : environ 20g

9. Œufs brouillés aux épinards

Temps de préparation : 15 minutes
Pour 1 personne

Préparez-vous à déguster des Œufs Brouillés aux Épinards, une explosion de saveurs végétales.

Ingrédients :

- 2 œufs
- 50g d'épinards frais
- 1 cuillère à soupe de lait
- 10g de fromage râpé (de votre choix)
- Sel et poivre noir moulu, au goût

Préparation :

1. Dans un bol, battre les œufs avec le lait. Assaisonner avec du sel et du poivre selon votre goût.
2. Dans une poêle antiadhésive, chauffer légèrement un peu d'huile d'olive ou de beurre à feu moyen.
3. Ajouter les épinards frais dans la poêle et faire sauter pendant quelques minutes jusqu'à ce qu'ils commencent à se flétrir.
4. Verser les œufs battus dans la poêle sur les épinards. Remuer doucement pour mélanger les épinards aux œufs.
5. Continuer à remuer doucement les œufs jusqu'à ce qu'ils commencent à prendre, mais restent encore crémeux.
6. Saupoudrer de fromage râpé sur les œufs brouillés et remuer légèrement pour incorporer.
7. Poursuivre la cuisson pendant environ une minute jusqu'à ce que les œufs soient cuits à votre goût.
8. Transférer les œufs brouillés aux épinards dans une assiette et servir chaud.

Informations nutritionnelles pour une portion :

- Calories : environ 200 kcal
- Protéines : environ 15g
- Glucides : environ 3g
- Lipides : environ 15g

10. Wrap au poulet et aux légumes

Temps de préparation : 15 minutes

Pour 1 wrap

Découvrez une recette simple et délicieuse de Wrap au Poulet et aux Légumes !

Ingrédients :

- 1 tortilla de blé entier (environ 60g)
- 100g de blanc de poulet cuit, coupé en lanières
- 50g de légumes croquants (carottes râpées, poivrons tranchés, etc.)
- 1 cuillère à soupe de sauce à salade (environ 15ml)
- Quelques feuilles de laitue ou d'épinards

Préparation :

1. Placez la tortilla de blé entier sur une assiette.
2. Disposez les feuilles de laitue ou d'épinards au centre de la tortilla.
3. Ajoutez les lanières de poulet cuit sur les feuilles de laitue.
4. Ajoutez les légumes croquants sur le poulet.
5. Arrosez de sauce à salade sur les légumes.
6. Repliez les bords de la tortilla sur les ingrédients pour former un wrap serré.
7. Coupez le wrap en deux moitiés si désiré et servez immédiatement.

Informations nutritionnelles pour une portion :

- Calories : environ 300 kcal
- Protéines : environ 25g
- Glucides : environ 25g
- Lipides : environ 10g

Chapitre 3 :
Recettes sans œufs

NOTES

- [ ] _____
- [ ] _____
- [ ] _____
- [ ] _____
- [ ] _____
- [ ] _____
- [ ] _____
- [ ] _____
- [ ] _____
- [ ] _____
- [ ] _____
- [ ] _____

Découvrez dans cette section des petits déjeuners **sans œuf**, cinq recettes délicieuses pour égayer vos matins.

Préparez-vous à savourer un assortiment exquis de saveurs, transformant chaque lever de soleil en un moment mémorable de délices gourmands.

1. Smoothie bowl à la mangue

Temps de préparation : moins de 15 minutes
Pour 1 personne

Cette recette de smoothie bowl à la mangue est une explosion de saveurs fruitées qui vous transportera directement sous les tropiques !

Ingrédients :

- 150g de mangue
- 100g de yaourt grec nature
- 30g de flocons d'avoine
- 1 cuillère à soupe de miel (environ 15g)
- 30g de granola (pour la garniture, facultatif)

Instructions :

1. Épluchez la mangue et coupez-la en morceaux.
2. Dans un blender, mélangez les morceaux de mangue avec le yaourt grec, les flocons d'avoine et le miel jusqu'à obtenir une texture lisse et crémeuse.
3. Versez le smoothie dans un bol.
4. Garnissez de granola si désiré.
5. Dégustez immédiatement !

Informations nutritionnelles pour une portion :

- Calories : environ 280
- Protéines : 12g
- Lipides : 4g
- Glucides : 50g
- Fibres : 6g

2. Porridge à la noix de coco

Temps de préparation : 15 minutes
Pour 1 personne

Cette recette de porridge à la noix de coco vous transporte sur une île tropicale dès la première bouchée ! C'est le petit-déjeuner parfait pour commencer votre journée avec une touche exotique.

Ingrédients :

- 40g de flocons d'avoine
- 200ml de lait de coco
- 1 cuillère à soupe de noix de coco râpée
- 1 cuillère à soupe de sirop d'érable
- 1/2 banane mûre, tranchée

Instructions :

1. Dans une casserole, combinez les flocons d'avoine et le lait de coco.
2. Faites chauffer à feu moyen, en remuant constamment, jusqu'à ce que le mélange épaississe et prenne la consistance désirée (environ 5 minutes).
3. Retirez du feu et incorporez la noix de coco râpée et le sirop d'érable.
4. Versez le porridge dans un bol.
5. Garnissez de tranches de banane.
6. Saupoudrez éventuellement d'un peu plus de noix de coco râpée pour décorer.
7. Dégustez chaud !

Informations nutritionnelles par portion :

- Calories : environ 370
- Protéines : 5g
- Lipides : 19g
- Glucides : 47g
- Fibres : 6g

3. Toast à l'avocat et à la tomate

Temps de préparation : 15 minutes
Pour 1 personne

Cette recette de toast à l'avocat et à la tomate est un véritable régal pour les papilles ! Avec sa combinaison d'avocat crémeux et de tomate juteuse sur du pain grillé croustillant, chaque bouchée est une explosion de saveurs.

Ingrédients :

- 1 tranche de pain de blé entier (environ 40g)
- 1/2 avocat mûr (environ 75g)
- 1 petite tomate, tranchée (environ 50g)
- 1 cuillère à café de jus de citron (environ 5ml)
- Sel et poivre noir, au goût

Instructions :

1. Faites griller la tranche de pain de blé entier jusqu'à ce qu'elle soit légèrement dorée.
2. Pendant ce temps, écrasez la moitié d'un avocat dans un bol avec le jus de citron. Assaisonnez avec du sel et du poivre noir selon votre goût.
3. Une fois le pain grillé, étalez l'avocat écrasé sur la tranche de pain.
4. Disposez les tranches de tomate sur l'avocat écrasé.
5. Ajoutez un peu plus de sel et de poivre noir si désiré.
6. Dégustez immédiatement !

Informations nutritionnelles par portion :

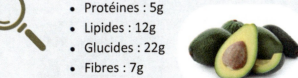

- Calories : environ 210
- Protéines : 5g
- Lipides : 12g
- Glucides : 22g
- Fibres : 7g

4. Muffins moelleux à la banane et au chocolat

Temps de préparation : 15 minutes
Pour 4 à 5 muffins de taille moyenne

Ces muffins moelleux à la banane et au chocolat sont parfaits pour le petit-déjeuner ou une collation gourmande. Avec leur texture tendre et leur saveur sucrée, ils raviront vos papilles sans utiliser d'œuf.

Ingrédients :

- 50g de banane écrasée
- 50g de farine de blé ou de riz
- 20g de sucre complet ou de coco
- 20g d'huile de coco
- 15g de pépites de chocolat

Instructions :

1. Préchauffez votre four à 180°C et graissez légèrement un moule à muffins ou placez des caissettes en papier dans les alvéoles.
2. Dans un bol, mélangez la banane écrasée et l'huile végétale.
3. Ajoutez la farine et le sucre, puis mélangez jusqu'à ce que la pâte soit homogène.
4. Incorporez délicatement les pépites de chocolat.
5. Répartissez la pâte dans les moules à muffins, en les remplissant aux deux tiers.
6. Enfournez pendant environ 15 à 20 minutes, ou jusqu'à ce que les muffins soient dorés et qu'un cure-dent inséré au centre en ressorte propre.
7. Laissez refroidir légèrement avant de déguster.

Informations nutritionnelles par portion :

- Calories : environ 300
- Protéines : 3g
- Lipides : 14g
- Glucides : 40g
- Fibres : 2g

5. Gaufres simplifiées sans œufs

Temps de préparation : 15 minutes

Pour 2 à 3 gaufres de tailles moyenne

Ces gaufres simplifiées sans œufs sont délicieuses et rapides à préparer. Parfaites pour un petit-déjeuner ou une collation gourmande !

Ingrédients :

- 100g de farine de blé ou de riz
- 10g de sucre complet ou de coco
- 5g de levure chimique
- 120ml de lait végétal
- 30ml d'huile de coco

Instructions :

1. Préchauffez votre gaufrier selon les instructions du fabricant.
2. Dans un bol, mélangez la farine, le sucre et la levure chimique.
3. Ajoutez progressivement le lait végétal et l'huile végétale en remuant jusqu'à ce que la pâte soit lisse.
4. Versez une portion de pâte dans le gaufrier préchauffé et faites cuire selon les instructions du fabricant, jusqu'à ce que les gaufres soient dorées et croustillantes.
5. Répétez l'opération avec le reste de la pâte.
6. Servez les gaufres chaudes avec vos garnitures préférées, comme du sirop d'érable, des fruits frais ou de la crème fouettée.

Informations nutritionnelles pour 3 gaufres :

- Calories : environ 700
- Protéines : 7g
- Lipides : 33g
- Glucides : 87g
- Fibres : 2g

"Que cette journée commence avec une symphonie de saveurs exquises, où chaque bouchée vous transporte vers un monde de délices. Que votre petit déjeuner soit le prélude d'une journée gourmande et épanouissante, où chaque repas soit une célébration des plaisirs simples de la vie. Bon appétit et belle journée à vous !"

Chapitre 4 :
Recettes sans gluten

- [ ]
- [ ]
- [ ]
- [x]
- [ ]
- [ ]
- [ ]
- [ ]
- [ ]
- [ ]
- [ ]
- [ ]

Entrez dans ma série de recettes gourmandes et **sans gluten** ! Avec seulement cinq ingrédients et moins de quinze minutes de préparation, chaque plat est un délice express. Préparez-vous à être ébloui par la simplicité et la saveur, alors que je vais vous guidez à travers un voyage culinaire où la rapidité rencontre la délicatesse.

Prêts à vous régaler ? Let's cook !

1. Pancakes à la farine de riz

Temps de préparation : moins de 15 minutes
Pour 3 à 4 pancakes

Régalez-vous et profitez de ce délicieux repas rapide et sain !

Ingrédients :

- 30 g de farine de riz
- 1 œuf
- 60 g de lait d'amande
- 2,5 g de levure chimique
- 7 g de miel local et/ou bio

Instructions :

1. Dans un bol, mélangez la farine de riz et la levure chimique.
2. Ajoutez l'œuf et le lait d'amande. Mélangez jusqu'à obtenir une pâte lisse.
3. Faites chauffer une poêle à feu moyen et versez une petite louche de pâte.
4. Laissez cuire environ 2 minutes de chaque côté, jusqu'à ce que les pancakes soient dorés.
5. Servez chaud, accompagné de miel ou de fruits frais.

C'est prêt ! Savourez ces délicieux pancakes sans gluten en toute simplicité.

Informations nutritionnelles par portion :

- Calories : 220 kcal environ
- Glucides : 32 g environ
- Protéines : 8 g environ
- Lipides : 7 g environ
- Fibres : 2 g environ

2. Granola sans gluten

Temps de préparation : moins de 15 minutes
Pour 1 personne

Dégustez ce délicieux granola sans gluten avec du yaourt, du lait végétal ou simplement tel quel comme une collation saine et savoureuse !

Ingrédients :

- 90 g de flocons d'avoine sans gluten
- 20 g de noix de coco râpée
- 30 g de graines de courge et de tournesol
- 30 g de sirop d'érable
- 15 g d'huile de coco fondue

Instructions :

1. Préchauffez votre four à 160°C et tapissez une plaque de cuisson de papier parchemin.
2. Dans un grand bol, mélangez les flocons d'avoine, la noix de coco râpée et les graines de citrouille.
3. Dans un petit bol, mélangez le sirop d'érable et l'huile de coco fondue, puis versez sur le mélange sec. Remuez bien pour enrober uniformément.
4. Étalez le mélange sur la plaque de cuisson préparée, en une couche uniforme.
5. Faites cuire au four préchauffé pendant 10 à 12 minutes, en remuant à mi-cuisson, jusqu'à ce que le granola soit doré.
6. Laissez refroidir complètement avant de transférer dans un contenant hermétique.

Informations nutritionnelles pour 40 gr :

- Calories : environ 150 kcal
- Glucides : 15 g
- Protéines : 3 g
- Lipides : 9 g
- Fibres : 2 g

3. Muffins amande et pépites de chocolat

Temps de préparation : 15 minutes
Pour 6 muffins environ de taille moyenne

Ces muffins sans gluten au chocolat sont parfaits pour un goûter gourmand ou un petit-déjeuner rapide. Régalez-vous !

Ingrédients :

- 112 g de farine d'amande
- 50 g de sucre de coco
- 2 œufs
- 45 g de pépites de chocolat noir (**sans gluten**)
- 2,5 g de levure chimique (**sans gluten**)

Instructions :

1. Préchauffez votre four à 180°C et placez des moules à muffins dans un plateau à muffins.
2. Dans un grand bol, mélangez la farine d'amande, le sucre de coco et la levure chimique.
3. Ajoutez les œufs et mélangez jusqu'à obtenir une pâte homogène.
4. Incorporez délicatement les pépites de chocolat noir à la pâte.
5. Répartissez la pâte dans les moules à muffins, en les remplissant aux deux tiers.
6. Enfournez pendant environ 12 à 15 minutes, ou jusqu'à ce que les muffins soient dorés et qu'un cure-dent inséré au centre en ressorte propre.
7. Laissez refroidir légèrement avant de démouler et de déguster !

Informations nutritionnelles par muffin :

- Calories : environ 180 kcal
- Glucides : 11 g
- Protéines : 6 g
- Lipides : 14 g
- Fibres : 3 g

4. Smoothie vert irrésistible

Temps de préparation : 15 minutes
Pour 1 personne

Plongez dans un tourbillon de fraîcheur et de vitalité avec ce smoothie prêt à vous dynamiser dès la première gorgée !

Ingrédients :
- 1 poignée de jeunes pousses d'épinards (environ 30 g)
- 1/2 avocat
- 1 petite banane
- 120 ml de lait d'amande
- Jus d'un demi-citron vert bio

Instructions :
1. Dans un mixeur, combinez les jeunes pousses d'épinards, l'avocat, la banane coupée en morceaux, le lait d'amande et le jus de citron.
2. Mixez jusqu'à obtenir une consistance lisse et crémeuse.
3. Ajoutez un peu d'eau si nécessaire pour atteindre la texture désirée.
4. Versez dans un verre et dégustez immédiatement !

Informations nutritionnelles pour 1 portion :
- Calories : environ 250 kcal
- Glucides : 25 g
- Protéines : 5 g
- Lipides : 15 g
- Fibres : 8 g

5. Pain gourmand aux graines

Temps de préparation : 35 minutes de cuisson pour **1 pain de 6 portions**

Ce pain aux graines est une délicieuse option pour accompagner vos repas ou pour une collation satisfaisante à tout moment de la journée !

Ingrédients :

- 200 g de farine de sarrasin
- 100 g de graines de tournesol
- 100 g de graines de lin
- 1,5 cuillère à café de levure chimique
- 180 ml d'eau tiède

Instructions :

1. Préchauffez votre four à 180°C et graissez légèrement un moule à pain.
2. Dans un bol, mélangez 200 g de farine de sarrasin, 100 g de graines de tournesol, 100 g de graines de lin et 1,5 cuillère à café de levure chimique.
3. Ajoutez 180 ml d'eau tiède et mélangez jusqu'à obtenir une pâte homogène et épaisse.
4. Versez la pâte dans le moule à pain et lissez la surface avec une spatule.
5. Enfournez pendant environ 30-35 minutes, jusqu'à ce que le dessus soit doré et qu'un cure-dent inséré au centre en ressorte propre. Laissez refroidir légèrement avant de démouler et de découper en 6 portions.

Informations nutritionnelles par portion (50 gr) :

- Calories : environ 250 kcal
- Glucides : 15 g
- Protéines : 8 g
- Lipides : 15 g
- Fibres : 6 g

"Que cette journée soit une véritable fête pour vos sens, avec des plaisirs gustatifs à chaque tournant. Que votre petit déjeuner soit le début d'une journée délicieusement remplie de moments savoureux et de découvertes culinaires. Bon appétit et belle journée à vous, que chaque instant soit aussi délicieux que le premier coup de fourchette !"

5 recettes

Chapitre 5 :
Recettes sans avocat

NOTES

- [ ]
- [ ]
- [ ]
- [x]
- [ ]
- [ ]
- [ ]
- [ ]
- [ ]
- [ ]
- [ ]
- [ ]

Bienvenue dans ce premier chapitre dédié à égayer vos matinées, où je vous convie à savourer un festin au cœur des petits déjeuners exquis préparés **sans avocat**. Avec ces cinq recettes irrésistiblement alléchantes, plongez dans un univers où chaque journée débute par une explosion de saveurs et de délices.

1. Porridge à la cannelle et aux pommes

Temps de préparation : 15 minutes
Pour 1 personne

Dégustez ce porridge à la cannelle et aux pommes, une douceur réconfortante pour bien démarrer la journée.

Ingrédients :

- 40g de flocons d'avoine
- 1 pomme moyenne (environ 200g), coupée en dés
- 1/2 cuillère à café de cannelle
- 250 ml de lait d'amande (ou tout autre lait de votre choix)
- 1 cuillère à soupe de sirop d'érable ou de miel (facultatif)

Instructions :

1. Dans une casserole, mélangez les flocons d'avoine, les dés de pomme, la cannelle et le lait d'amande.
2. Chauffez à feu moyen en remuant pendant 8 à 10 minutes jusqu'à épaississement et tendreté des pommes.
3. Ajoutez si désiré du sirop d'érable ou du miel pour sucrer.
4. Retirez du feu, laissez reposer quelques minutes. Servez dans des bols avec vos toppings préférés.

Informations nutritionnelles pour une portion :

- Calories : environ 250 kcal
- Glucides : environ 40g
- Lipides : environ 5g
- Protéines : environ 8g

2. Smoothie bowl aux fruits

Temps de préparation : 15 minutes

Pour 1 personne

Plongez votre cuillère dans ce délice fruité, une explosion de saveurs qui réveillera vos papilles à chaque bouchée !

Ingrédients :
- 200 g de fruits frais ou surgelés (fraises, bananes, mangues, etc.)
- 150 g de yaourt nature (ou yaourt à la vanille pour plus de douceur)
- 30 g de granola ou de flocons d'avoine
- 15 g de miel local et/ou bio ou sirop d'érable (facultatif, selon vos goûts)
- Quelques fruits frais pour la garniture (tranches de banane, fraises coupées, etc.)

Instructions :
1. Dans un blender, mélangez les fruits avec le yaourt jusqu'à obtenir une consistance lisse et crémeuse.
2. Versez le mélange dans un bol.
3. Ajoutez le granola ou les flocons d'avoine sur le dessus.
4. Décorez avec des tranches de fruits frais.
5. Si désiré, arrosez d'un filet de miel ou de sirop d'érable pour plus de douceur.

Informations nutritionnelles pour 1 portion :
- Calories : environ 250 à 300 kcal
- Lipides : 5-8 g
- Glucides : 40-50 g
- Protéines : 8-10 g
- Fibres : 5-8 g

3. Pancakes à la noix de coco et à l'ananas

Temps de préparation : 15 minutes
Pour 6 à 8 pancakes de taille moyenne

Ces pancakes exotiques sont comme une escapade sur une île tropicale, avec chaque bouchée, laissez-vous emporter par la douceur de la noix de coco et la fraîcheur de l'ananas !

Ingrédients :

- 100 g de farine de blé ou de riz
- 50 g de noix de coco râpée
- 1 œuf
- 100 ml de lait de coco
- 100 g d'ananas coupé en petits morceaux

Instructions :

1. Dans un bol, mélangez la farine de blé et la noix de coco râpée.
2. Ajoutez l'œuf et le lait de coco, puis mélangez jusqu'à obtenir une pâte lisse.
3. Incorporez les morceaux d'ananas à la pâte.
4. Faites chauffer une poêle antiadhésive à feu moyen et versez un peu de pâte pour former des pancakes.
5. Laissez cuire environ 2 à 3 minutes de chaque côté, jusqu'à ce qu'ils soient dorés.
6. Répétez l'opération avec le reste de la pâte.

Informations nutritionnelles pour 2 pancakes :

- Calories : environ 150 à 200 kcal
- Lipides : 5-8 g
- Glucides : 20-25 g
- Protéines : 4-6 g
- Fibres : 2-3 g

4. Muffins au citron

Temps de préparation : 15 minutes
Pour 6 à 8 muffins de taille moyenne

Ces muffins au citron sont comme un rayon de soleil dans chaque bouchée, leur douce acidité et leur texture moelleuse vous transporteront directement dans un jardin en fleurs !

Ingrédients :

- 150 g de farine de blé ou de riz
- 100 g de sucre complet ou de coco
- 2 œufs
- Le zeste râpé et le jus d'un citron
- 80 ml d'huile végétale (comme de l'huile de tournesol ou de colza)

Instructions :

1. Préchauffez votre four à 180°C (thermostat 6) et préparez des moules à muffins en les graissant légèrement ou en les chemisant de caissettes en papier.
2. Dans un bol, mélangez la farine et le sucre.
3. Ajoutez les œufs, le zeste et le jus de citron, ainsi que l'huile végétale. Mélangez jusqu'à obtenir une pâte homogène.
4. Répartissez la pâte dans les moules à muffins, en les remplissant aux 2/3.
5. Enfournez et laissez cuire pendant environ 12 à 15 minutes, ou jusqu'à ce que les muffins soient dorés et qu'un cure-dent inséré au centre en ressorte propre.
6. Laissez refroidir légèrement avant de démouler et de déguster.

Informations nutritionnelles par muffin :

- Calories : environ 180 à 200 kcal
- Lipides : 9-11 g
- Glucides : 20-25 g
- Protéines : 3-4 g
- Fibres : 0,5-1 g

5. Bowl de fruits frais

Temps de préparation : 15 minutes
Pour 1 personne

Une explosion de couleurs et de saveurs vous attend à chaque bouchée, un véritable festival pour vos papilles !

Ingrédients :

- 200 g de yaourt grec nature
- 1 banane
- 100 g de fraises
- 1 kiwi
- 50 g de grains de grenade (facultatif, pour la décoration)

Instructions :

1. Dans un bol, répartissez le yaourt grec nature.
2. Épluchez et coupez la banane en rondelles, puis disposez-les sur le yaourt.
3. Lavez et coupez les fraises en tranches, puis ajoutez-les dans le bol.
4. Épluchez et coupez le kiwi en tranches ou en dés, puis ajoutez-les également.
5. Si désiré, ajoutez des grains de grenade pour la décoration.
6. Servez immédiatement et dégustez !

Informations nutritionnelles pour 1 portion :

- Calories : environ 250 à 300 kcal
- Lipides : 5-8 g
- Glucides : 40-50 g
- Protéines : 10-12 g
- Fibres : 5-8 g

"Chaque lever de soleil est une invitation à embrasser l'inconnu avec optimisme et curiosité. Dans chaque nouvelle journée se cachent des surprises merveilleuses et des opportunités insoupçonnées. Ouvrez votre cœur à l'imprévu et laissez-vous émerveiller par les petites joies et les grands moments qui jalonnent votre chemin. Que chaque nouveau jour soit une promesse de découvertes passionnantes et de rencontres enrichissantes. La vie est une aventure à savourer pleinement, une surprise à déballer chaque matin !"

Chapitre 6 :
Recettes sans arachides

NOTES

- [ ] _____
- [ ] _____
- [ ] _____
- [ ] _____
- [ ] _____
- [ ] _____
- [ ] _____
- [ ] _____
- [ ] _____
- [ ] _____
- [ ] _____
- [ ] _____

Dans ce chapitre, je vous propose de découvrir cinq recettes délicieuses de petits déjeuners **sans arachides**, conçues pour vous offrir une expérience matinale savoureuse et sécuritaire. Chaque recette est pensée pour éveiller vos papilles et vous donner l'énergie nécessaire pour bien démarrer la journée, sans compromis sur le goût.

1. Porridge de quinoa aux pommes caramélisées

Temps de préparation : 15 minutes
Pour 1 personne

Ce porridge de quinoa aux pommes caramélisées est un délice personnalisé qui réveille les sens, chaque bouchée offrant une symphonie de saveurs, parfaitement équilibrée pour bien commencer votre journée !

Ingrédients :

- 50 g de quinoa
- 1 pomme
- 150 ml de lait (végétal ou animal)
- 1/2 cuillère à soupe de sirop d'érable ou de miel local et/ou bio
- Une pincée de cannelle (facultatif)

Instructions :

1. Rincez le quinoa et faites-le cuire dans du lait jusqu'à épaississement.
2. Pendant ce temps, faites revenir les dés de pomme dans du sirop d'érable jusqu'à dorure.
3. Garnissez le quinoa cuit de pommes caramélisées et ajoutez plus de sirop d'érable si désiré.

Informations nutritionnelles pour 1 portion :

- Calories : environ 250 à 300 kcal
- Lipides : 4-6 g
- Glucides : 40-50 g
- Protéines : 6-8 g
- Fibres : 4-6 g

2. Smoothie à la pêche

Temps de préparation : 15 minutes
Pour 1 personne

Ce smoothie à la pêche est une symphonie rafraîchissante de saveurs estivales, une gorgée de douceur fruitée pour égayer votre journée en toute légèreté !

Ingrédients :
- 1 pêche mûre
- 150 g de yaourt grec nature
- 1 cuillère à soupe de miel local et/ou bio (facultatif)
- Quelques glaçons
- Feuilles de menthe pour la décoration (facultatif)

Instructions :
1. Épluchez et dénoyautez la pêche, puis coupez-la en morceaux.
2. Dans un blender, combinez les morceaux de pêche, le yaourt grec, le miel (si utilisé) et les glaçons.
3. Mixez jusqu'à obtenir un mélange lisse et crémeux.
4. Versez le smoothie dans un verre.
5. Décorez avec quelques feuilles de menthe si désiré.
6. Dégustez immédiatement !

Informations nutritionnelles pour une portion :
- Calories : environ 150 à 200 kcal
- Lipides : 3-5 g
- Glucides : 25-30 g
- Protéines : 8-10 g
- Fibres : 3-4 g

3. Toast à la confiture de figues et au fromage de chèvre

Temps de préparation : 15 minutes
Pour 1 personne

Ce toast à la confiture de figues et au fromage de chèvre est une fusion parfaite de saveurs sucrées et salées, un mariage exquis qui réveille les papilles et éveille les sens dès la première bouchée !

Ingrédients :

- 1 tranche de pain complet, de céréales ou au levain
- 1 cuillère à soupe de confiture de figues
- 30 g de fromage de chèvre frais
- Quelques noix concassées
- Miel local et/ou bio (facultatif, pour une touche de douceur)

Instructions :

1. Faites griller la tranche de pain jusqu'à ce qu'elle soit légèrement dorée.
2. Étalez généreusement la confiture de figues sur la tranche de pain grillée.
3. Émiettez le fromage de chèvre frais sur la confiture de figues.
4. Si désiré, ajoutez quelques noix concassées pour une touche de croquant.
5. Pour une touche de douceur supplémentaire, vous pouvez mettre un peu de miel sur le dessus.
6. Dégustez immédiatement !

Informations nutritionnelles pour une portion :

- Calories : environ 200 à 250 kcal
- Lipides : 7-10 g
- Glucides : 25-30 g
- Protéines : 8-10 g
- Fibres : 2-3 g

4. Muffins à la noix de coco

Temps de préparation : 15 minutes
Pour 6 muffins de taille moyenne

Ces muffins à la noix de coco vont vous transporter sous les tropiques dès la première bouchée !

Ingrédients :

- 180g de noix de coco râpée
- 120g de farine de blé ou de riz
- 120g de sucre complet ou de coco
- 6 œufs
- 120ml de lait de coco

Instructions :

1. Préchauffez votre four à 180°C (thermostat 6).
2. Dans un bol, mélangez la noix de coco râpée, la farine et le sucre.
3. Ajoutez l'œuf et le lait de coco, puis mélangez jusqu'à obtenir une pâte homogène.
4. Versez la pâte dans un moule à muffins préalablement graissé.
5. Enfournez pendant environ 12-15 minutes, jusqu'à ce que les muffins soient dorés et que la pointe d'un couteau en ressorte propre.
6. Laissez refroidir légèrement avant de déguster.

Informations nutritionnelles pour un muffin :

- Calories : environ 200 kcal
- Protéines : 4g
- Glucides : 18g
- Lipides : 13g

5. Bol de yaourt aux fruits secs et aux graines de chia

Temps de préparation : 15 minutes
Pour 1 personne

Savourez ce bol de yaourt crémeux, rehaussé par la texture croquante des fruits secs et des graines de chia, pour une explosion de saveurs et de bienfaits nutritionnels !

Ingrédients :

- 150 g de yaourt nature animal ou végétal
- 20 g de fruits secs
- 10 g de graines de chia
- 1 cuillère à café de miel local et/ou bio
- 1 cuillère à café de granola

Instructions :

1. Dans un bol, mélangez le yaourt nature avec les graines de chia. Laissez reposer pendant environ 10 minutes pour que les graines de chia gonflent légèrement.
2. Ajoutez les fruits secs sur le dessus du mélange yaourt-chia.
3. Arrosez le tout avec une cuillère à café de miel.
4. Saupoudrez de granola pour un croquant supplémentaire.
5. Dégustez immédiatement !

Informations nutritionnelles pour une portion :

- Calories : environ 250 kcal
- Lipides : 10 g
- Glucides : 25 g
- Protéines : 15 g
- Fibres : 7 g

"Chaque aube est une page blanche, prête à être remplie de nouvelles expériences, de rencontres inattendues et de défis à relever. Ouvrez-vous à la magie de l'imprévu et laissez-vous émerveiller par les surprises que chaque nouveau jour vous réserve. Que votre curiosité soit votre guide et votre enthousiasme votre carburant, car dans chaque instant se cache une pépite d'opportunité. Alors, accueillez chaque matin avec gratitude et anticipation, car qui sait quel trésor vous attend aujourd'hui ?"

Chapitre 7 :
Recettes sans Produits Laitiers d'Origine Animal

NOTES

- [ ] _____
- [ ] _____
- [ ] _____
- [ ] _____
- [ ] _____
- [ ] _____
- [ ] _____
- [ ] _____
- [ ] _____
- [ ] _____
- [ ] _____
- [ ] _____

Plongez avec moi dans un monde de saveurs et de textures crémeuses avec ce nouveau chapitre dédié aux recettes **sans produits laitiers d'origine animale**. Découvrez cinq créations exquises, toutes aussi onctueuses et nourrissantes, vous invitant à explorer une palette de délices sans compromis sur le plaisir gustatif. Laissez-vous séduire par des alternatives riches en saveurs, conçues pour ravir les papilles les plus exigeantes.

1. Smoothie aux amandes

Temps de préparation : moins de 15 minutes
Pour 1 personne

Laissez-vous emporter par la douceur veloutée de ce smoothie aux amandes, une fusion exquise de saveurs naturellement sucrées et de la richesse nutritive des amandes, pour un plaisir à déguster à tout moment de la journée !

Ingrédients :

- 200 g de lait d'amande
- 1 banane mûre
- 20 g d'amandes non salées
- 1 cuillère à soupe de sirop d'érable
- 4 glaçons

Instructions :

1. Dans un blender, ajoutez le lait d'amande, la banane coupée en morceaux, les amandes, le sirop d'érable et les glaçons.
2. Mixez jusqu'à obtenir une texture lisse et crémeuse.
3. Versez dans un verre et dégustez immédiatement !

Informations nutritionnelles pour une portion :

- Calories : environ 320 kcal
- Lipides : 20 g
- Glucides : 30 g
- Protéines : 8 g
- Fibres : 5 g

2. Pancakes vegan à la vanille

Temps de préparation : moins de 15 minutes
Pour 3 pancakes de taille standard

Une explosion de saveurs avec ces pancakes vegan à la vanille.

Ingrédients :

- 60 g de farine de blé ou de riz
- 1/2 cuillère à café de levure chimique
- 1 cuillère à soupe de sucre complet ou de coco
- 80 ml de lait végétal
- 1/2 cuillère à café d'extrait de vanille
- 1/2 cuillère à café d'huile de coco pour la cuisson

Instructions :

1. Dans un bol, mélangez la farine, la levure chimique et le sucre.
2. Ajoutez progressivement le lait végétal et l'extrait de vanille tout en remuant jusqu'à obtenir une pâte lisse.
3. Faites chauffer un peu d'huile dans une poêle à feu moyen.
4. Versez une louche de pâte dans la poêle chaude pour former un pancake.
5. Laissez cuire environ 2 minutes de chaque côté, jusqu'à ce qu'ils soient dorés.
6. Répétez l'opération avec le reste de la pâte.
7. Servez chaud avec votre sirop préféré, des fruits frais ou de la confiture.

Informations nutritionnelles pour 3 pancakes :

- Calories : environ 220 kcal
- Lipides : 4 g
- Glucides : 40 g
- Fibres : 2 g
- Protéines : 5 g

3. Porridge à la noisette

Temps de préparation : moins de 15 minutes
Pour 1 personne

Savourez chaque bouchée de ce porridge crémeux à la noisette, une manière délicieuse et réconfortante de commencer votre journée en moins de 15 minutes !

Ingrédients :

- 40 g de flocons d'avoine
- 200 ml de lait végétal
- 1 cuillère à soupe de purée de noisette
- 1 cuillère à soupe de sirop d'érable
- Quelques noisettes concassées pour la garniture (facultatif)

Instructions :

1. Dans une casserole, mélangez les flocons d'avoine et le lait végétal.
2. Faites chauffer à feu moyen en remuant constamment jusqu'à ce que le mélange épaississe, environ 5 minutes.
3. Ajoutez la purée de noisette et le sirop d'érable, mélangez bien.
4. Laissez mijoter encore quelques minutes jusqu'à ce que le porridge atteigne la consistance désirée.
5. Versez dans un bol et garnissez de noisettes concassées si vous le souhaitez.

Informations nutritionnelles pour une portion :

- Calories : environ 320 kcal
- Lipides : 12 g
- Glucides : 44 g
- Fibres : 6 g
- Protéines : 9 g

4. Muffins vegan aux pépites de chocolat

Temps de préparation : moins de 15 minutes
Pour 6 muffins de taille moyenne

Ces muffins vegan aux pépites de chocolat vous séduiront par leur simplicité et leur gourmandise. Un régal en toute simplicité.

Ingrédients :

- 100 g de farine de blé ou de riz
- 50 g de sucre complet ou de coco
- 1 cuillère à café de levure chimique
- 100 ml de lait végétal
- 40 g de pépites de chocolat noir

(assurez-vous qu'elles sont sans produits laitiers)

Instructions :

1. Préchauffez votre four à 180°C et graissez légèrement un moule à muffins.
2. Dans un bol, mélangez la farine, le sucre et la levure chimique.
3. Ajoutez progressivement le lait végétal tout en remuant jusqu'à ce que la pâte soit homogène.
4. Incorporez délicatement les pépites de chocolat à la pâte.
5. Répartissez la pâte dans les cavités du moule à muffins, les remplissant jusqu'aux 3/4.
6. Faites cuire au four préchauffé pendant environ 12-15 minutes, ou jusqu'à ce qu'un cure-dent inséré au centre d'un muffin en ressorte propre.
7. Laissez refroidir légèrement avant de démouler.

Informations nutritionnelles pour 1 muffin
(sur la base de 6 muffins) :

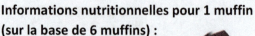

- Calories : environ 180 kcal
- Lipides : 5 g
- Glucides : 31 g
- Fibres : 2 g
- Protéines : 3 g

5. Yaourt végétalien aux baies

Temps de préparation : moins de 15 minutes
Pour 1 personne

Une explosion de fraîcheur et de saveurs avec ce délicieux yaourt végétalien aux baies, une façon saine et succulente de commencer votre journée ou de vous faire plaisir à tout moment de la journée !

Ingrédients :

- 150 g de yaourt végétal nature
- 50 g de baies mélangées
- 1 cuillère à soupe de sirop d'érable

(ou tout autre édulcorant de votre choix)

- 1 cuillère à soupe de graines de chia
- Quelques amandes effilées pour la garniture

(facultatif)

Instructions :

1. Dans un bol, mélangez le yaourt végétal avec le sirop d'érable jusqu'à ce que le mélange soit homogène.
2. Ajoutez les baies mélangées et les graines de chia, mélangez délicatement pour bien les incorporer.
3. Transférez le mélange dans un bol de service ou un pot à yaourt.
4. Laissez reposer au réfrigérateur pendant au moins 30 minutes pour permettre aux graines de chia de gonfler et épaissir le yaourt.
5. Au moment de servir, garnissez éventuellement d'amandes effilées pour un peu de croquant.

Informations nutritionnelles pour une portion :

- Calories : environ 180 kcal
- Lipides : 8 g
- Glucides : 20 g
- Fibres : 5 g
- Protéines : 5 g

"La vie est une symphonie de saveurs, une danse enivrante de délices gustatifs qui éveillent nos sens et réjouissent notre âme. Que chaque repas soit une célébration, une invitation à explorer de nouveaux horizons culinaires et à savourer chaque bouchée avec gratitude. Que votre journée soit une succession de plaisirs gourmands, où chaque délice vous transporte vers un paradis gastronomique. Car dans chaque saveur se cache une histoire, un voyage à travers les traditions et les cultures du monde. Bon appétit et que votre journée soit aussi délicieuse que vos plats préférés !"

5 recettes

Chapitre 8 :
Recettes pour les "Chocolat-Addicts"

NOTES

- [ ] _____
- [ ] _____
- [ ] _____
- [ ] _____
- [ ] _____
- [ ] _____
- [ ] _____
- [ ] _____
- [ ] _____
- [ ] _____
- [ ] _____
- [ ] _____

Maintenant, entrez avec moi dans le monde décadent du chocolat, là où chaque bouchée est une invitation à un voyage sensoriel exquis. Si vous êtes un **passionné de chocolat**, préparez-vous à être émerveillé par ces cinq recettes qui célèbrent la magie et la diversité de cet ingrédient divin. Du petit-déjeuner au dessert, ces créations chocolatées feront danser vos papilles et réveilleront l'amateur (l'amatrice) de cacao qui sommeille en vous !

1. Pancakes au chocolat noir

Temps de préparation : 15 minutes
Pour 3 pancakes de taille moyenne

Ingrédients :

- 40 g de farine de blé ou de riz
- 1/2 cuillère à café de levure chimique
- 1 cuillère à soupe de cacao en poudre non sucré
- 60 ml de lait végétal
- 20 g de chocolat noir 70 %, haché grossièrement

Instructions :

1. Mélangez dans un bol la farine, la levure chimique et le cacao en poudre.
2. Ajoutez progressivement le lait végétal jusqu'à obtenir une pâte lisse.
3. Incorporez délicatement les morceaux de chocolat noir.
4. Faites chauffer une poêle antiadhésive à feu moyen.
5. Versez une louche de pâte pour former un pancake et laissez cuire environ 2 minutes de chaque côté, jusqu'à ce qu'ils soient dorés et que des bulles apparaissent à la surface.
6. Répétez l'opération avec le reste de la pâte.
7. Servez chaud avec une généreuse portion de sirop d'érable ou de sauce au chocolat.

Informations nutritionnelles pour la totalité des pancakes :

- Calories : environ 250 kcal
- Lipides : 8 g
- Glucides : 35 g
- Fibres : 5 g
- Protéines : 8 g

2. Smoothie au cacao

Temps de préparation : 15 minutes
Pour 1 personne

Une explosion de saveurs rafraîchissante qui vous fera fondre de plaisir en quelques instants seulement !

Ingrédients :
- 1 banane mûre
- 200 ml de lait d'amande (ou autre lait végétal)
- 1 cuillère à soupe de cacao en poudre non sucré
- 1 cuillère à café de sirop d'érable (facultatif)
- Quelques glaçons

Instructions :
1. Dans un blender, ajoutez la banane coupée en morceaux, le lait d'amande, le cacao en poudre et éventuellement le sirop d'érable.
2. Ajoutez quelques glaçons pour une texture plus fraîche et crémeuse.
3. Mixez jusqu'à obtenir un mélange lisse et homogène.
4. Versez dans un verre et dégustez immédiatement.

Informations nutritionnelles pour une portion :
- Calories : environ 180 kcal
- Lipides : 4 g
- Glucides : 35 g
- Fibres : 6 g
- Protéines : 3 g

3. Bowl de granola au chocolat

Temps de préparation : 15 minutes
Pour 1 personne

Une mer de délices chocolatés avec ce bowl de granola au chocolat, une explosion de saveurs croquantes et gourmandes qui réveillera vos papilles dès le premier morceau !

Ingrédients :

- 40 g de flocons d'avoine
- 1 cuillère à soupe de cacao en poudre non sucré
- 1 cuillère à soupe de sirop d'érable
- 1 cuillère à soupe d'huile de coco fondue
- 1 poignée de pépites de chocolat noir

Instructions :

1. Préchauffez votre four à 180°C et tapissez une plaque de cuisson de papier parchemin.
2. Dans un bol, mélangez les flocons d'avoine, le cacao en poudre, le sirop d'érable et l'huile de coco fondue jusqu'à ce que les flocons d'avoine soient bien enrobés.
3. Étalez le mélange sur la plaque de cuisson préparée en une seule couche.
4. Faites cuire au four pendant environ 10-15 minutes, en remuant à mi-cuisson, jusqu'à ce que le granola soit croustillant et doré.
5. Laissez refroidir complètement, puis ajoutez les pépites de chocolat noir.
6. Transférez dans un bol et dégustez avec du lait végétal, du yaourt ou simplement tel quel.

Informations nutritionnelles pour une portion :

- Calories : environ 250 kcal
- Lipides : 12 g
- Glucides : 30 g
- Fibres : 5 g
- Protéines : 4 g

4. Muffins chocolat

Temps de préparation : 15 minutes
Pour 6 muffins de taille moyenne

Succombez à la tentation du chocolat avec ces délicieux muffins chocolat, une explosion de saveurs dans chaque bouchée ! Parfaits pour une gourmandise rapide et satisfaisante."

Ingrédients :

- 100 g de farine de blé ou de riz
- 50 g de sucre complet ou de coco
- 1 cuillère à café de levure chimique
- 2 cuillères à soupe de cacao en poudre non sucré
- 100 ml de lait végétal

Instructions :

1. Préchauffez votre four à 180°C et graissez légèrement un moule à muffins.
2. Dans un bol, mélangez la farine, le sucre, la levure chimique et le cacao en poudre.
3. Ajoutez progressivement le lait végétal tout en remuant jusqu'à ce que la pâte soit homogène.
4. Répartissez la pâte dans les cavités du moule à muffins, les remplissant jusqu'aux 3/4.
5. Faites cuire au four préchauffé pendant environ 12-15 minutes, ou jusqu'à ce qu'un cure-dent inséré au centre d'un muffin en ressorte propre.
6. Laissez refroidir légèrement avant de démouler.

Informations nutritionnelles pour 1 muffin :

- Calories : environ 160 kcal
- Lipides : 3 g
- Glucides : 30 g
- Fibres : 2 g
- Protéines : 3 g

5. Fondant chocolat

Temps de préparation : 15 à 20 minutes
Pour un gâteau de **6 parts moyennes**

Partagez le bonheur chocolaté avec vos proches grâce à ce délicieux gâteau fondant, une véritable invitation à la gourmandise en six parts généreuses !

Ingrédients :

- 180g de chocolat noir
- 120g de beurre ou de ghee (beurre clarifié)
- 120g de sucre complet ou de coco
- 3 œufs
- 60g de farine de blé ou de riz

Instructions :

1. Préchauffez votre four à 180°C (thermostat 6).
2. Faites fondre le chocolat et le beurre ensemble au micro-ondes ou au bain-marie.
3. Dans un bol, battez les œufs avec le sucre jusqu'à ce que le mélange blanchisse.
4. Incorporez le mélange chocolat-beurre fondu aux œufs et au sucre.
5. Ajoutez la farine et mélangez bien jusqu'à obtenir une pâte homogène.
6. Versez la pâte dans un moule préalablement beurré.
7. Enfournez pendant environ 15 à 20 minutes, ou jusqu'à ce qu'un cure-dent inséré au centre en ressorte propre.
8. Laissez refroidir avant de démouler et de découper en 6 parts égales.

Informations nutritionnelles par part :

- Calories : environ 380 kcal
- Protéines : 7.5g
- Glucides : 32g
- Lipides : 25g

"Explorez le monde à travers vos papilles ! Chaque repas est une invitation au voyage, une découverte des saveurs exotiques qui enrichissent notre quotidien. Laissez-vous emporter par la magie des épices et des aromates, et que chaque bouchée soit une escapade gourmande vers de nouveaux horizons. Bon appétit et bon voyage culinaire !"

Chapitre 9 :
Conseils Pratiques et Astuces

NOTES

- [ ] _____
- [ ] _____
- [ ] _____
- [ ] _____
- [ ] _____
- [ ] _____
- [ ] _____
- [ ] _____
- [ ] _____
- [ ] _____
- [ ] _____
- [ ] _____

1. Conseils pour un petit déjeuner équilibré

Un petit-déjeuner équilibré est essentiel pour commencer la journée du bon pied. Voici quelques conseils pour créer un petit-déjeuner équilibré :

- **Inclure une source de protéines** : Les protéines sont essentielles pour maintenir la satiété et fournir de l'énergie durable tout au long de la matinée. Les œufs, le yaourt grec, le fromage cottage ou les alternatives végétales comme le tofu sont d'excellentes sources de protéines.

- **Ajouter des glucides complexes** : Les glucides complexes fournissent l'énergie nécessaire pour démarrer la journée. Optez pour des sources de grains entiers comme le pain complet, les flocons d'avoine ou les céréales riches en fibres. Ils libèrent l'énergie lentement, évitant les pics de glycémie.

- **Incorporer des fruits et légumes** : Les fruits et légumes sont riches en vitamines, minéraux et fibres. Ils apportent fraîcheur et saveur à votre petit-déjeuner. Ajoutez des tranches de fruits frais à votre yaourt ou à votre bol de céréales, ou savourez un smoothie aux légumes verts pour un coup de pouce nutritionnel.

- **Ne pas oublier les bonnes graisses** : Les graisses saines sont importantes pour la santé cardiovasculaire et la satiété. Les avocats, les noix, les graines de chia ou de lin sont d'excellentes sources de graisses insaturées. Ajoutez-les à votre petit-déjeuner sous forme de garniture pour vos toasts ou comme ingrédient dans vos smoothies.

- **Limiter les sucres ajoutés** : Évitez les aliments riches en sucres ajoutés comme les céréales sucrées, les pâtisseries ou les jus de fruits commerciaux. Optez plutôt pour des alternatives naturellement sucrées comme les fruits frais ou les édulcorants naturels comme le miel ou le sirop d'érable, mais en quantités modérées.

- **Boire suffisamment d'eau** : Hydratez-vous dès le matin en buvant un verre d'eau. Le corps a besoin d'eau pour fonctionner efficacement, et commencer la journée avec une bonne hydratation est crucial pour maintenir votre énergie et votre concentration.

2. Astuces pour gagner du temps le matin

- **Préparez à l'avance :** Prévoyez quelques minutes la veille pour préparer ce que vous pouvez pour le lendemain. Préparez votre tenue, préparez les ingrédients pour votre petit-déjeuner ou même préparez votre déjeuner si possible.

- **Utilisez des alarmes efficaces :** Utilisez des alarmes qui vous réveillent progressivement ou qui ont des options de répétition intelligente pour éviter de trop dormir et pour vous réveiller plus facilement.

- **Organisez vos affaires :** Ayez un endroit spécifique pour ranger vos clés, votre sac, votre portefeuille, etc. Organisez-les la veille pour éviter de les chercher frénétiquement le matin.

- **Optimisez votre routine de douche :** Si vous prenez une douche le matin, prévoyez le temps nécessaire et utilisez des produits de soin rapide. Par exemple, un shampooing et un revitalisant combinés peuvent vous faire gagner du temps.

- **Planifiez votre petit-déjeuner :** Choisissez des options de petit-déjeuner simples et rapides à préparer, comme des smoothies pré-faits que vous pouvez congeler, des bols de céréales préparés la veille ou des barres de céréales santé.

- **Priorisez les tâches :** Faites une liste des tâches importantes à accomplir le matin et concentrez-vous sur celles qui ont le plus d'importance. Cela vous aidera à rester concentré et efficace.

- **Minimisez les distractions :** Évitez de vérifier vos e-mails ou les réseaux sociaux dès que vous vous réveillez. Réservez ce temps pour des activités essentielles qui vous permettent de démarrer votre journée du bon pied.

- **Utilisez des raccourcis intelligents :** Identifiez les tâches que vous pouvez simplifier ou automatiser. Par exemple, préparez des repas en lots le week-end pour les repas de la semaine ou utilisez des applications pour gérer votre emploi du temps et vos listes de tâches.

3. Idées de substitution d'ingrédients

- **Œufs :**
  - Pour remplacer un œuf dans les recettes de pâtisserie, vous pouvez utiliser une cuillère à soupe de graines de lin moulues mélangées avec trois cuillères à soupe d'eau pour former un substitut d'œuf.
  - Vous pouvez également utiliser une demi-banane écrasée ou un quart de tasse de compote de pommes non sucrée pour remplacer un œuf dans les recettes sucrées.

- **Beurre :**
  - Remplacez le beurre par de l'huile d'olive ou d'huile de coco dans les recettes de cuisson.
  - Pour les recettes de pâtisserie, vous pouvez utiliser du yaourt grec ou de la purée d'avocat pour remplacer le beurre, en ajustant les quantités pour obtenir la bonne texture.

- **Lait :**
  - Utilisez du lait d'amande, de soja ou de noix de coco comme alternative au lait de vache dans les recettes. Assurez-vous de choisir une option non sucrée pour contrôler le contenu en sucre de votre recette.
  - Pour les recettes salées, vous pouvez également utiliser du bouillon de légumes ou de la crème de coco comme substitut du lait.

- **Arachides :**
  - Ces alternatives peuvent remplacer les arachides dans vos recettes selon vos préférences et besoins alimentaires.
    - Graines de tournesol
    - Noix de cajou
    - Amandes
    - Noix de pécan
    - Noix de macadamia
    - Noix du Brésil
    - Graines de sésame

- **Farine :**
  - Pour rendre une recette sans gluten, utilisez de la farine d'amande, de la farine de noix de coco ou de la farine de riz comme alternative à la farine de blé.
  - Pour les recettes de pâtisserie, vous pouvez également utiliser de la purée de haricots blancs ou de la purée de pois chiches pour remplacer une partie de la farine tout en ajoutant de la protéine et de la fibre.

- **Avocat** :
  - Ces substituts peuvent être utilisés dans diverses recettes où l'avocat est généralement utilisé, comme les tartinades, les sauces, les trempettes et les garnitures pour sandwiches ou salades.
    - Purée de pois chiches
    - Purée de courge butternut
    - Purée de patate douce
    - Purée de haricots blancs
    - Purée de chou-fleur
    - Purée de banane plantain
    - Purée de carottes

- **Sucre :**
  - Remplacez le sucre blanc par du sucre de coco, du sirop d'érable, ou du miel dans les recettes. Gardez à l'esprit que ces substituts peuvent modifier légèrement la saveur et la texture de votre plat, alors ajustez les quantités en conséquence.

- **Fromage :**
  - Pour les recettes nécessitant du fromage râpé, vous pouvez utiliser du fromage végétalien à base de noix de cajou pour une option sans produits laitiers.
  - Pour remplacer le fromage à la crème dans les recettes, utilisez du tofu soyeux mélangé avec du jus de citron et des herbes pour une alternative crémeuse.

4. Conseils pour le stockage et la conservation des aliments

- **Température** : Maintenez votre réfrigérateur entre 0 et 4 degrés Celsius et votre congélateur en dessous de -18 degrés Celsius.

- **Séparation** : Stockez les aliments crus séparément des aliments cuits pour éviter la contamination croisée.

- **Contenants hermétiques** : Utilisez des contenants hermétiques de qualité pour conserver les aliments au réfrigérateur et au congélateur.

- **Rotation des stocks** : Placez les nouveaux produits à l'arrière et utilisez d'abord les plus anciens pour éviter la détérioration.

- **Surveillance des dates de péremption** : Vérifiez régulièrement les dates de péremption et consommez les aliments avant qu'ils ne deviennent périmés.

- **Congélation correcte** : Emballez hermétiquement les aliments pour éviter les brûlures de congélation et étiquetez-les avec la date de congélation.

- **Nettoyage régulier** : Nettoyez régulièrement votre réfrigérateur et votre congélateur pour éliminer les déversements et les accumulations de saleté.

En suivant ces conseils, vous pouvez prolonger la durée de vie de vos aliments tout en maintenant leur fraîcheur et leur sécurité.

"Trouvez la joie dans chaque journée ! Chaque moment est une opportunité de s'amuser, de rire et de créer des souvenirs inoubliables. Que chaque journée soit une fête, une occasion de célébrer les petites victoires et de savourer la magie de l'instant présent. Amusez-vous, soyez spontané et laissez-vous porter par la légèreté de l'existence. La vie est une aventure, alors profitez-en chaque jour !"

4 quiz

Chapitre 10 :
Quiz Amusants

NOTES

- [ ] _____
- [ ] _____
- [ ] _____
- [ ] _____
- [ ] _____
- [ ] _____
- [ ] _____
- [ ] _____
- [ ] _____
- [ ] _____
- [ ] _____
- [ ] _____

Prêt pour quatre quiz captivants ? Testez vos connaissances dès maintenant !

1. Quiz sur les aliments souvent utilisés lors de recettes de petits déjeuners.

- Quel aliment est souvent inclus dans les petits déjeuners sans gluten et est une source importante de protéines et de fibres ?
    - a) Pain de seigle
    - b) Pain de maïs
    - c) Pain sans gluten à base de farine de lin et de chia
    - Réponse : c) Pain sans gluten à base de farine de lin et de chia

- Quel aliment est utilisé dans les petits déjeuners sans lait et est une alternative pour les produits laitiers, offrant une gamme variée de nutriments tels que les protéines ?
    - a) Lait de soja
    - b) Lait d'amande
    - c) Lait de coco
    - Réponse : a) Lait de soja

- Quel aliment est couramment utilisé dans les petits déjeuners salés et sans œuf, offrant une texture crémeuse et une haute teneur en protéines végétales ?
    - a) Yaourt grec
    - b) Tofu c
    - c) Fromage cottage
    - Réponse : b) Tofu

- Quel aliment est utilisé dans les petits déjeuners sans gluten et sans lait, offrant une alternative riche en protéines et en acides aminés essentiels ?
    - a) Quinoa
    - b) Riz blanc
    - c) Orge
    - Réponse : a) Quinoa

2. Quizz sur la culture des petits déjeuners dans le monde.

- Quel est le plat traditionnel du petit déjeuner en Inde, composé de crêpes à base de farine de lentilles fermentée ?
    - a) Dosa
    - b) Naan
    - c) Paratha
    - Réponse : a) Dosa

- Quel est le plat traditionnel du petit déjeuner en Angleterre, comprenant généralement des œufs, du bacon, des saucisses, des haricots cuits, des champignons et des tomates ?
    - a) English muffin
    - b) Full English Breakfast
    - c) Crumpet
    - Réponse : b) Full English Breakfast

- Quel est le plat traditionnel du petit déjeuner au Japon, composé de riz, de soupe miso, de poisson grillé, d'œuf et de légumes marinés ?
    - a) Ramen
    - b) Okonomiyaki
    - c) Asa-gohan
    - Réponse : c) Asa-gohan

- Quel est le plat traditionnel du petit déjeuner au Mexique, composé de tortillas garnies de haricots, de viande, d'œufs et de salsa ?
    - a) Huevos rancheros
    - b) Chilaquiles c
    - c) Tamales
    - Réponse : a) Huevos rancheros

3. Quiz sur les recettes du livre

- **Quelle recette est présentée dans le chapitre "Recettes Salées" ?**
  - a) Pancakes à la banane
  - b) Avocado toast
  - c) Smoothie à la fraise
  - Réponse : b) Avocado toast

- **Où peut-on trouver la recette "Pain gourmand aux graines" ?**
  - a) Chapitre "Recettes sans Gluten"
  - b) Chapitre "Recettes sans Avocat"
  - c) Chapitre "Recettes pour les Chocolat Addicts"
  - Réponse : a) Chapitre "Recettes sans Gluten"

- **Quelle recette est incluse dans le chapitre "Recettes sans Œufs" ?**
  - a) Muffins aux myrtilles
  - b) Smoothie bowl à la mangue
  - c) Toast à l'avocat et au fromage frais
  - Réponse : b) Smoothie bowl à la mangue

- **Dans quel chapitre peut-on trouver la recette "Smoothie aux amandes" ?**
  - a) Chapitre "Recettes sans Produit Laitier Animal"
  - b) Chapitre "Recettes pour les Chocolat Addicts"
  - c) Chapitre "Recettes sans Arachides"
  - Réponse : a) Chapitre "Recettes sans Produit Laitier Animal"

- **Quelle recette est présentée dans le chapitre "Recettes Sucrées" ?**
  - a) Toast à l'avocat et aux légumes
  - b) Muffins au citron
  - c) Pancakes au chocolat noir
  - Réponse : c) Pancakes au chocolat noir

4. Quiz sur le stockage et la conservation des aliments

- o **Quelle est la température recommandée pour conserver la viande dans un réfrigérateur ?**
  - a) Entre 0°C et 4°C
  - b) Entre 4°C et 8°C
  - c) Entre 8°C et 12°C
  - Réponse : a) Entre 0°C et 4°C

- o **Pourquoi est-il important de stocker les aliments cuits séparément des aliments crus dans le réfrigérateur ?**
  - a) Pour éviter la contamination croisée
  - b) Pour économiser de l'espace
  - c) Pour faciliter l'accès aux aliments
  - Réponse : a) Pour éviter la contamination croisée

- o **Combien de temps peut-on conserver les restes de nourriture cuite au réfrigérateur ?**
  - a) 1 jour
  - b) 2 jours
  - c) 3 jours
  - Réponse : c) 3 jours

- o **Quelle méthode de conservation est recommandée pour les aliments périssables tels que la viande et le poisson ?**
  - a) Congélation
  - b) Réfrigération
  - c) Conservation à température ambiante
  - Réponse : a) Congélation

8 listes

Chapitre 11 :
Listes de Courses Types, conseils et astuces achats

NOTES

- [ ]
- [ ]
- [ ]
- [ ]
- [ ]
- [ ]
- [ ]
- [ ]
- [ ]
- [ ]
- [ ]
- [ ]

1. Listes des ingrédients nécessaires pour les recettes du livre

Découvrez une aube de saveurs délicieusement réconfortantes avec les ingrédients nécessaires à la préparation des petits déjeuners de cet ebook.

Des premières lueurs du jour jusqu'au doux réveil de vos papilles, plongez dans un festin matinal où chaque bouchée est une promesse de gourmandise.

Avec ces 8 listes à portée de main, préparez-vous à créer des petits déjeuners aussi nourrissants que réconfortants, offrant une symphonie de saveurs pour démarrer votre journée du bon pied.

 **Avant de partir faire vos achats, assurez-vous de vérifier les quantités spécifiques nécessaires pour chaque recette afin d'ajuster la liste en fonction de vos préférences et du nombre de personnes.**

 Prenez toujours le temps de vérifier attentivement les étiquettes des produits lorsque vous faites vos courses. Cela vous permettra d'éviter toute mésaventure désagréable liée aux allergènes ou aux traces d'allergènes et de veiller ainsi à votre bien-être.

- **La liste des ingrédients pour les recettes du chapitre 1 "Recettes Sucrées".**
  - Ingrédients communs :
    - Œufs
    - Farine de blé ou de riz
    - Levure chimique
    - Sel
    - Lait animal ou végétal
    - Miel local et/ou bio
    - Sucre complet ou de coco
    - Flocons d'avoine
    - Noix variées (noix de cajou, amandes, noisettes, etc.)
    - Huile végétale (comme de l'huile de coco ou de l'huile d'olive)
    - Graines de chia
    - Mangue (fraîche ou surgelée)
    - Fruits frais ou surgelés (fraises, myrtilles, morceaux de mangue, etc.)

  - Ingrédients spécifiques par recette :
    - Banane mûre
    - Fraises
    - Fruits secs (raisins secs, abricots secs, figues séchées, etc.)
    - Muffins aux myrtilles : Myrtilles fraîches ou surgelées
    - Dattes ou autre édulcorant naturel (miel ou du sirop d'érable)
    - Graines (graines de tournesol, graines de courge, etc.)
    - Tranches de pain (idéalement du pain rassis)
    - Cannelle

- **La liste des ingrédients pour les recettes du chapitre 2 "Recettes Salées".**
  - Ingrédients communs :
    - Œufs
    - Avocat
    - Légumes divers (épinards, champignons, tomates, concombres, etc.)
    - Quinoa
    - Saumon fumé
    - Pain à bagel ou pain de votre choix
    - Fromage frais
    - Poulet grillé
    - Pois chiches (en conserve ou secs)
    - Wrap (tortilla)
    - Assaisonnements (sel, poivre, herbes, épices, etc.)

  - Ingrédients spécifiques par recette :
    - **Omelette express aux légumes** :
      - Assortiment de légumes (poivrons, oignons, courgettes, etc.)
    - **Tartinade de pois chiches** :
      - Tahini (pâte de sésame)
    - **Frittata aux champignons** :
      - Champignons variés (champignons de Paris, des champignons shiitake, etc.)

- **La liste des ingrédients pour les recettes du chapitre 3 "Recettes Sans Œuf".**

Lors de vos achat, toujours vérifier la liste des ingrédients.

- Ingrédients communs :
  - Mangue
  - Noix de coco râpée
  - Avocat
  - Tomate
  - Bananes
  - Chocolat (en pépites ou en tablette)
  - Farine de blé ou de riz
  - Levure chimique
  - Sucre complet ou de coco
  - Lait (ou lait végétal)
  - Huile de coco ou d'olive

- Ingrédients spécifiques par recette :
  - **Porridge à la noix de coco** :
    - Flocons d'avoine,
    - lait de coco
  - **Muffins à la banane et au chocolat** :
    - Farine, levure chimique,
    - sucre complet ou de coco,
    - huile de coco,
    - lait (ou lait végétal)

- **La liste des ingrédients pour les recettes du chapitre 4 "Recettes Sans Gluten".**

Lors de vos achat, toujours vérifier la liste des ingrédients.

- Ingrédients communs :
  - Amandes
  - Pépites de chocolat
  - Graines variées (graines de chia, des graines de lin, des graines de tournesol, etc.)
  - Légumes verts (pour le smoothie vert)
  - Lait (ou lait végétal)
  - Huile végétale de coco ou d'olive (pour la cuisson des pancakes et du pain)

- Ingrédients spécifiques par recette :
  - **Pancakes nature à la farine de riz** :
    - Farine de riz
  - **Granola croquant** :
    - Flocons d'avoine sans gluten,
    - sirop d'érable ou miel local et/ou bio
  - **Muffins amande et pépites de chocolat** :
    - Farine d'amande,
    - levure chimique
  - **Smoothie vert irrésistible** :
    - Épinards frais (ou surgelés),
    - avocat
  - **Pain gourmand aux graines** :
    - Farine sans gluten (farine de riz ou de la farine de sarrasin),
    - levure chimique

- **La liste des ingrédients pour les recettes du chapitre 5 "Recettes Sans Avocat".**

Lors de vos achat, toujours vérifier la liste des ingrédients.

Ingrédients communs :
- Pommes
- Fruits variés pour le smoothie bowl et le bowl de fruits frais (bananes, fraises, baies, kiwis, etc.)
- Noix de coco râpée
- Ananas
- Citron
- Farine de blé ou de riz
- Flocons d'avoine (pour le porridge)
- Lait (ou lait végétal)
- Huile de coco ou d'olive

Ingrédients spécifiques par recette :
- **Porridge à la cannelle et aux pommes** : Cannelle
- **Pancakes à la noix de coco et à l'ananas** : Sucre de coco ou complet (facultatif)
- **Muffins au citron** : Sucre glace (pour le glaçage, facultatif)

- **La liste des ingrédients pour les recettes du chapitre 6 "Recettes Sans Arachides".**

Lors de vos achat, toujours vérifier la liste des ingrédients.

- **Ingrédients communs :**
  - Pommes
  - Pêches
  - Confiture de figues
  - Fromage de chèvre
  - Noix de coco râpée
  - Yaourt au lait animal ou végétal
  - Fruits secs variés (raisins secs, des abricots secs, des pruneaux, etc.)
  - Graines de chia

- **Ingrédients spécifiques par recette :**
  - Quinoa (pour le porridge de quinoa)
  - Pain (de votre choix)
  - **Muffins à la noix de coco :**
    - Farine de blé ou de riz,
    - levure chimique,
    - sucre de coco ou complet, huile de coco,
    - lait (ou lait végétal)

- **La liste des ingrédients pour les recettes du chapitre 7 "Recettes Sans Lait Animal".**

Lors de vos achat, toujours vérifier la liste des ingrédients.

- **Ingrédients communs :**
- Amandes (ou lait d'amande)
- Vanille en poudre ou arôme (pour les pancakes)
- Noisettes (ou lait de noisette)
- Pépites de chocolat (vérifiez qu'elles sont vegan)
- Baies variées (fraises, des framboises, des myrtilles, etc.)

- **Ingrédients spécifiques par recette :**
- Farine de blé ou de riz (pour les pancakes et les muffins)
- Levure chimique (pour les pancakes et les muffins)
- Sucre complet ou de coco (pour les pancakes et les muffins)
- Huile de coco (ou margarine végétalienne, pour les pancakes et les muffins)
- Yaourt végétal pour le yaourt aux baies.

- **La liste des ingrédients pour les recettes du chapitre 8 "Recettes Chocolat Addicts".**

  - Ingrédients communs :
    - Chocolat noir pâtissier 70% (pour toutes les recettes)
    - Cacao en poudre sans sucre ajouté (pour les recettes qui en nécessitent)

  - Ingrédients spécifiques par recette :
    - **Pancakes au chocolat noir** :
      - Farine de blé ou de riz,
      - levure chimique,
      - sucre complet ou de coco,
      - lait (ou lait végétal),
      - huile de coco (ou beurre végétal),
      - œufs
    - **Smoothie au cacao** :
      - Banane,
      - lait (ou lait végétal)
    - **Bowl de granola au chocolat** :
      - Flocons d'avoine,
      - miel local et/ou bio (ou sirop d'érable),
      - huile de coco
    - **Muffins chocolat** :
      - Farine de blé ou de riz,
      - levure chimique, sucre complet ou de coco,
      - huile de coco,
      - lait (ou lait végétal),
      - œufs
    - **Fondant tout chocolat** :
      - Œufs,
      - sucre complet ou de coco

2. Conseils pour organiser ses courses de manière économique et efficace.

- **Faire une liste de courses** :
    - Avant de partir, notez tout ce dont vous avez besoin.
- **Planifier vos repas** :
    - Prévoyez les repas de la semaine pour acheter les bons ingrédients.
- **Vérifier les stocks** :
    - Consultez ce que vous avez déjà pour éviter les achats en double.
- **Choisir le bon moment** :
    - Évitez les heures de pointe pour des courses plus rapides.
- **Privilégier les produits frais** :
    - Optez pour des fruits, légumes et produits frais.
- **Comparer les prix** :
    - Comparez les prix pour économiser de l'argent.
- **Éviter les achats impulsifs** :
    - Restez fidèle à votre liste pour éviter les tentations.
- **Utiliser des sacs réutilisables** :
    - Réduisez votre empreinte écologique en utilisant des sacs réutilisables.
- **Prévoir des collations saines** :
    - Emportez des collations saines pour éviter les achats impulsifs.
- **Faire attention aux promotions** :
    - Ne succombez pas aux promotions si cela signifie acheter plus que nécessaire.

En suivant ces conseils, vous pouvez vous organiser de manière efficace et saine lors de vos courses, ce qui vous permettra de faire des choix alimentaires judicieux et d'économiser du temps et de l'argent.

Recettes
bonus

Chapitre 12 : Bonus Recettes de petits déjeuners du monde

NOTES

- [ ]
- [ ]
- [ ]
- [ ]
- [ ]
- [ ]
- [ ]
- [ ]
- [ ]
- [ ]
- [ ]
- [ ]

- **Roulés de Prosciutto et Mozzarella au Pesto pour un Petit-Déjeuner à l'Italienne**

Temps de préparation : 15 minutes
Pour 1 personne

Réveillez-vous avec une explosion de saveurs méditerranéennes ! Ces roulés de prosciutto et mozzarella au pesto sont une manière délicieusement différente de commencer votre journée ensoleillée.

Ingrédients :
- 2 tranches de prosciutto (jambon italien) (environ 30g)
- 50g de mozzarella
- 1 cuillère à café de pesto
- 1 petit pain ou 2 tranches de pain de campagne au levain
- Une poignée de roquette (environ 10g)

Instructions :
1. Étalez le pesto sur les tranches de prosciutto.
2. Placez la mozzarella sur le dessus du pesto.
3. Roulez les tranches de prosciutto avec la mozzarella à l'intérieur.
4. Coupez votre petit pain en deux ou utilisez les tranches de pain de campagne.
5. Placez les roulés de prosciutto et mozzarella sur le pain.
6. Ajoutez une poignée de roquette sur le dessus.
7. Servez et dégustez immédiatement.

Informations nutritionnelles par portion :
- Calories : environ 280 kcal
- Protéines : 17g
- Lipides : 15g
- Glucides : 17g
- Fibres : 1g

- **Tortilla Española Express : Omelette aux Pommes de Terre et Chorizo**

Temps de préparation : 15 minutes
Pour 1 personne

Plongez dans une matinée espagnole avec cette tortilla espagnole rapide et délicieusement satisfaisante, prête à éveiller vos papilles dès le réveil !

Ingrédients :
- 2 œufs
- 50g de chorizo coupé en dés
- 1 petite pomme de terre, pelée et coupée en petits cubes
- 1 cuillère à soupe d'huile d'olive
- Sel et poivre au goût

Instructions :
1. Dans une poêle antiadhésive, chauffez l'huile d'olive à feu moyen.
2. Ajoutez les dés de chorizo et faites-les revenir pendant environ 1 minute.
3. Ajoutez les cubes de pommes de terre et faites-les sauter jusqu'à ce qu'ils soient tendres et légèrement dorés, environ 5-7 minutes.
4. Pendant ce temps, battez les œufs dans un bol et assaisonnez-les avec du sel et du poivre.
5. Versez les œufs battus sur les pommes de terre et le chorizo dans la poêle.
6. Laissez cuire l'omelette pendant environ 2-3 minutes de chaque côté, jusqu'à ce qu'elle soit dorée et ferme.
7. Retirez l'omelette de la poêle, coupez-la en parts et servez chaud.

Informations nutritionnelles par portion :
- Calories : environ 350 kcal
- Protéines : 15g
- Lipides : 25g
- Glucides : 15g
- Fibres : 2g

- **Le Petit-Déjeuner Anglais Express : Œufs Brouillés, Bacon Croustillant et Tomates Grillées**

Temps de préparation : 15 minutes
Pour 1 personne

Plongez-vous dans une aventure matinale anglaise avec cette assiette rapide et copieuse! Des œufs brouillés moelleux, du bacon croustillant et des tomates grillées vous attendent pour une expérience de petit déjeuner authentique et savoureuse.

Ingrédients :
- 2 œufs
- 2 tranches de bacon
- 1 tomate, coupée en tranches épaisses
- 1 cuillère à soupe d'huile d'olive ou de beurre
- Sel et poivre au goût

Instructions :
- Faites chauffer une poêle à feu moyen et ajoutez les tranches de bacon. Faites-les cuire jusqu'à ce qu'elles soient croustillantes, puis retirez-les de la poêle et réservez-les sur une assiette recouverte de papier absorbant.
- Dans un bol, cassez les œufs et battez-les légèrement avec une fourchette. Assaisonnez avec du sel et du poivre selon votre goût.
- Dans la même poêle que le bacon, ajoutez l'huile d'olive ou le beurre.
- Versez les œufs battus dans la poêle et remuez doucement avec une spatule jusqu'à ce qu'ils soient cuits et encore légèrement crémeux.
- Pendant ce temps, faites griller les tranches de tomate dans la poêle.
- Disposez les œufs brouillés, le bacon croustillant et les tranches de tomate grillées sur une assiette.
- Servez immédiatement et dégustez avec du pain grillé ou des muffins.

Informations nutritionnelles par portion :
- Calories : environ 400 kcal
- Protéines : 20g
- Lipides : 30g
- Glucides : 5g
- Fibres : 1g

- ## **Délice Matinal Mexicain : Huevos Rancheros Express**

Temps de préparation : 15 minutes
Pour 1 personne

Partez pour le Mexique dès le réveil avec nos huevos rancheros express! Un petit déjeuner savoureux et plein de peps vous attend.

Ingrédients :

- 2 œufs
- 2 tortillas de maïs (environ 100g chacune)
- 120g de salsa mexicaine (maison ou achetée en magasin)
- 30g de fromage râpé (chihuahua, Monterey Jack ou cheddar)
- 15ml d'huile végétale
- Coriandre fraîche hachée, pour garnir (facultatif)

Instructions :

1. Faites chauffer 15ml d'huile végétale dans une poêle à feu moyen.
2. Chauffez 2 tortillas de maïs (100g chacune) dans la poêle jusqu'à ce qu'elles soient légèrement dorées des deux côtés. Réservez-les sur une assiette.
3. Dans la même poêle, faites cuire 2 œufs selon votre préférence.
4. Pendant ce temps, chauffez 120g de salsa mexicaine dans une petite casserole à feu moyen.
5. Sur chaque tortilla, étalez une cuillerée de salsa chaude.
6. Disposez les œufs cuits sur la salsa, puis ajoutez une autre cuillerée de salsa par-dessus.
7. Saupoudrez 30g de fromage râpé sur le dessus.
8. Répétez pour la deuxième tortilla.
9. Garnissez de coriandre fraîche hachée si désiré.
10. Servez immédiatement et savourez chaque bouchée de ce délicieux petit déjeuner mexicain!

Informations nutritionnelles par portion :

- Calories : environ 400 kcal
- Protéines : 15g
- Lipides : 20g
- Glucides : 35g
- Fibres : 4g

- **Le Délice Matinal de Mumbai : Upma Épicé**

Temps de préparation : 15 minutes

Pour 1 personne

Réveillez vos papilles avec les saveurs vibrantes de l'Inde! Notre Upma épicé, rapide et délicieux, est une explosion de couleurs et de saveurs qui illuminera votre petit déjeuner.

Ingrédients :
- 50g de semoule de blé (ou quinoa pour les intolérants au blé)
- 1 petite tomate, coupée en dés
- 1/2 oignon, haché
- 1 cuillère à soupe d'huile végétale
- 1/2 cuillère à café de curcuma en poudre
- Sel au goût

Instructions :
1. Faites chauffer l'huile végétale dans une poêle à feu moyen.
2. Ajoutez les oignons hachés et faites-les revenir jusqu'à ce qu'ils soient dorés.
3. Ajoutez les dés de tomate et faites-les cuire jusqu'à ce qu'ils soient tendres.
4. Ajoutez la semoule de blé dans la poêle et mélangez bien avec les légumes.
5. Assaisonnez avec du sel et du curcuma en poudre.
6. Faites cuire pendant quelques minutes jusqu'à ce que la semoule soit légèrement dorée.
7. Servez chaud et savourez ce délicieux petit déjeuner indien !

Informations nutritionnelles par portion :
- Calories : 200 kcal
- Protéines : 4g
- Lipides : 6g
- Glucides : 30g
- Fibres : 2g

Conclusion

- **Récapitulatif des points clefs de cet ebook**

J'ai conçu cet ebook comme une véritable exploration culinaire, où vous avez pu découvrir une variété de recettes de petits déjeuners, allant des options sucrées aux salées, en passant par de délicieux délices chocolatés, afin d'illuminer vos matinées.

Mon objectif était que les recettes soient simples et rapides à préparer, avec un maximum de 5 ingrédients et moins de 15 minutes de préparation. De plus, j'ai voulu offrir des alternatives pour répondre à diverses allergies alimentaires, permettant à chacun de savourer ces délices sans aucune restriction.

Chaque recette est soigneusement accompagnée du nombre de calories par portion et des informations nutritionnelles détaillées, afin de vous aider à prendre soin de votre santé tout en vous régalant.

J'ai vraiment souhaité être à la hauteur de vos attentes en vous offrant non seulement des astuces pour préparer des petits déjeuners efficaces et économiques, mais aussi des conseils pour personnaliser vos repas selon vos désirs et votre emploi du temps chargé. J'espère que ces idées sauront vous inspirer et simplifier votre quotidien !

En bonus, vous avez pu découvrir 5 recettes supplémentaires de petits déjeuners du monde, enrichissant ainsi votre expérience culinaire.

Cet ebook est bien plus qu'un simple livre de recettes. C'est une invitation chaleureuse à explorer, savourer et partager le plaisir des petits déjeuners délicieux et réconfortants, conçus pour démarrer chaque journée avec énergie et enthousiasme.

J'espère sincèrement avoir répondu à vos attentes et que ces délices matinaux illuminent vos matinées d'une touche de bonheur et de vitalité.

- **Encouragement à expérimenter les recettes**

Dans la cuisine, chaque plat est une toile vierge, une invitation à l'expérimentation et à la créativité. Chaque ingrédient est une note de musique dans une symphonie gustative, chaque recette est une aventure culinaire qui vous attend.

Osez vous aventurer au-delà des recettes familières, laissez-vous emporter par la magie des saveurs et des textures. Que chaque découpe de légume, chaque touche d'épice, soit une danse avec les sens, une célébration de la vie et de ses délices.

Réveillez l'explorateur culinaire qui sommeille en vous, et laissez-vous guider par votre intuition. N'ayez pas peur de faire des erreurs, car dans chaque échec se cache une leçon précieuse, une opportunité de grandir et d'apprendre.

Rappelez-vous toujours : la cuisine est une forme d'art, et vous êtes l'artiste. Que vos créations soient le reflet de votre passion, de votre amour pour les saveurs et de votre désir de partager des moments délicieux avec ceux qui vous entourent.

Mantra : *"Dans ma cuisine, je laisse libre cours à ma créativité et à ma passion. Chaque recette est une occasion de célébrer les saveurs, de partager des moments chaleureux et de cultiver le bonheur à chaque bouchée. Avec amour et gourmandise, je crée des souvenirs délicieux qui nourrissent l'âme et réchauffent le cœur."*

- **Invitation à partager ses propres créations**

Et maintenant, chers amis gourmands, il est temps de mettre vos tabliers, d'embrasser vos spatules et de vous lancer dans l'aventure culinaire !

Que vos cuisines deviennent le théâtre de vos plus belles créations, où chaque plat est une œuvre d'art en devenir, chaque saveur une note de symphonie.

N'hésitez pas à partager vos créations avec la communauté ! Prenez une photo de vos délices matinaux et partagez-les sur mes réseaux sociaux Facebook et Instagram.

Instagram : ks.nutri.reflexi.56 / vie_ta_nature
Facebook : Karine Simon

J'ai hâte de voir vos interprétations, vos innovations et vos moments de pur bonheur culinaire !

Rappelez-vous, la cuisine est un art, et vous êtes les artistes. Laissez libre cours à votre imagination, exprimez-vous à travers les saveurs et les couleurs, et surtout, savourez chaque instant de ce voyage gustatif.

Rejoignez-moi dans cette aventure gourmande et partagez votre amour pour le petit déjeuner avec le monde entier !

À vos marques, prêts, cuisinez !

 Karine SIMON
Nutritionniste & réflexologue certifiée
https://ks-nutri-reflexo.fr/

Epilogue

Chers ami.es gourmand.es,

C'est avec une profonde gratitude que je clôture ce voyage culinaire en votre compagnie. J'espère sincèrement que les saveurs que nous avons explorées ensemble ont éveillé vos sens et apporté une touche de bonheur à vos matinées.

À travers ces pages, j'ai partagé avec vous ma passion pour la cuisine, le bien-être et le plaisir de partager des moments chaleureux autour de la table. Mon objectif était de vous offrir des recettes simples, rapides et délicieuses, conçues pour nourrir votre corps et votre esprit dès le lever du jour.

Que ce livre devienne pour vous une source d'inspiration quotidienne, vous guidant vers des petits déjeuners réconfortants et nourrissants, même dans les matins les plus pressés.

Je tiens à vous remercier du fond du cœur de m'avoir permis de partager ma passion avec vous. Votre soutien et votre enthousiasme ont été une véritable source de motivation pour moi.

N'oubliez jamais que chaque recette est une invitation à créer des moments précieux et à savourer les plaisirs simples de la vie. Que ces délices matinaux vous apportent autant de joie et de bonheur qu'ils m'en ont procuré lors de leur création.

Avec toute ma passion pour la nutrition,

Karine SIMON
Nutritionniste & réflexologue certifiée
https://ks-nutri-reflexo.fr/

NOTES

- [ ]
- [ ]
- [ ]
- [ ]
- [ ]
- [ ]
- [ ]
- [ ]
- [ ]
- [ ]
- [ ]
- [ ]

Matinées Gourmandes :
Un Festin pour Tous les Réveils©

Karine SIMON
Nutritionniste & réflexologue certifiée
https://ks-nutri-reflexo.fr/
N° de siret: 98322841200018

Printed in France by Amazon
Brétigny-sur-Orge, FR

20301874R00070